Gestatten, »Covidiot«.

VIKTORIA LECHNER

Gestatten, »Covidiot«.

Ein (Leserbrief-) Tagebuch in Zeiten von Corona

Bibliografische Information der Deutschen Nationalbibliothek
Die Deutsche Nationalbibliothek verzeichnet diese
Publikation in der Deutschen Nationalbibliografie; detaillierte
bibliografische Daten sind im Internet über http://dnb.d-nb.de
abrufbar.

Satz, Herstellung und Verlag:
BoD – Books on Demand, Norderstedt
ISBN 978-3-7557-7819-6

Inhalt

Vorwort

Ich heiße nicht Viktoria Lechner.

Der Rest ist leider keine Fiktion.

Rückblende I

Samstag, 13.03.21 – fast ein Jahr, dass der politische Corona-Wahnsinn mein Leben komplett auf den Kopf gestellt hat, so langsam muss ich leider sagen: komplett ruiniert trifft es eher.

Ich sitze in meinem Geburtsland gerade – trotz negativen Coronatests – noch bis 24.03.21 in Quarantäne. Warum? Bin ich ein Schwerverbrecher? Nein, aber ich habe meinen Hauptwohnsitz in Tirol. Das reicht. Ach ja, und ich bin »nicht-systemrelevant«. Daher darf ich hier auch nicht mehr arbeiten, jedenfalls aber darf ich das nicht mehr pendelnderweise tun. Was für ein menschenverachtender Begriff: »nicht-systemrelevant«. Die Sprache ist überhaupt das Übelste und Verräterischste in diesem Jahr: »Absonderungsbescheid«, »Lebensgefährder«, »aktiv positiv« (auf die Definition von »passiv positiv« warte ich immer noch).

Ich versuche, mich an den Samstag vor fast genau einem Jahr zu erinnern: 14.03.20. Das depperte RKI hatte schon vor einer Weile Italien zum Risikogebiet erklärt. Was für ein Wahnsinn. Wie die ganze Chose wohl verlaufen wäre, wenn diese Idioten (doch, in einem Staat, in dem Maßnahmenkritiker mit dem freundlichen Begriff »Covidiot« belegt werden und eine Diskussion schon lange nicht mehr stattfindet, falls sie denn jemals stattgefunden hat, werde ich mir diesen Begriff nicht verkneifen) das gelassen hätten? Es ist müßig, darüber zu spekulieren – ein Jahr später sind wir nämlich immer noch nicht weiter – im Gegenteil, das Risikogebietsspielchen wurde inzwischen erweitert um die Varianten »Hochrisikogebiet« und »Virusmutationsgebiet«.

Ach, und ehe ich es vergesse: Hier in Bayern sind die meisten Schulen zu, fast der komplette Einzelhandel, die Gastronomie sowieso schon ewig (außer für Außer-Haus-Verkauf), Kultur Fehlanzeige, aber die neueste Nachricht: Wir dürfen zu Ostern dank des RKI und seiner Handlanger ohne Quarantäne nach Mallorca. Das ist nämlich von der Risikogebietsliste runtergenommen worden. Wie heißt das neudeutsch? Burner – darauf habe ich echt gewartet. Solche Entscheidungen bringen das Leben doch echt wieder ins Lot. Ich bin unfair und selbstgerecht: Alle, die für TUI und Konsorten arbeiten, freuen sich wahrscheinlich riesig. Und ich gönne es ihnen.

Aber zurück zum 14.03.20: Ich sitze auf dem Sofa und facebooke so rum, da kommt die Nachricht rein: Das RKI hat Tirol zum Risikogebiet erklärt. Ich stehe senkrecht. Kollegen, die vor einer Weile aus dem Italienurlaub kamen, waren schon – analog der Regelungen der Landeshauptstadt München – für 2 Wochen freigestellt worden, Gottseidank mit Bezahlung. Hektische Mail an den Personalchef und meine Chefin: Kann leider am Montag nicht kommen. Ich google mich durch die Infos: Pendler sollen von der Sperre ausgenommen sein (damals wurde noch nicht zwischen systemrelevant und nicht-systemrelevant unterschieden; weit haben wir es gebracht in einem Jahr). Zweite hektische Mail an den Personalchef und meine Chefin: Halt, ich komme doch. Die zweite üble Nachricht folgt für mich als Nur-Öffi-Nutzer auf dem Fuße:

Der grenzüberschreitende Zugverkehr zwischen Kufstein und Bayern ist mit sofortiger Wirkung eingestellt. Dritte hektische Mail an den Personalchef und meine Chefin: Halt, es könnte aber etwas dauern, bis ich da bin. Muss einen alternativen Transport organisieren.

Die Rückmeldung meines Arbeitgebers kommt relativ schnell: Bleiben Sie zu Hause, Sie sind 14 Tage freigestellt. Ja, aber ich bin doch Pendler? Ich dürfte doch? Egal, wir können Sie gerade eh nicht brauchen, wir werden wahrscheinlich auch komplett geschlossen werden, nicht nur der Kursbetrieb. Bleiben Sie zu Hause.

Ein Gefühl der absoluten Nutzlosigkeit macht sich breit.

Ein Gefühl, das mich 11 Monate nach diesem Tag wieder einholt: Tirol wird Virusmutationsgebiet – und dieses Mal ist alles noch viel schlimmer: Pendler sein reicht nämlich nicht mehr, ohne Systemrelevanz bist Du – ja, eben nicht mehr relevant.

Und damals schon die Gedanken, die ein Jahr danach immer noch die gleichen sind – weil die Politik nicht ein Jota dazugelernt hat – im Gegenteil: Was bitte bringt das für die Bekämpfung dieser Krankheit? Bin ich tatsächlich gefährlicher als jemand, der 4 Kilometer weiter auf der »richtigen« Seite der Grenze wohnt?

Ein paar Tage später werden die nächsten Gerüchte wahr – und alles noch ein wenig schlimmer: Österreich geht in den Lockdown. Mir bleibt die Luft weg; kein Zug, kein nix, keine Arbeit. Ich muss hier weg.

Im Rückblick ging das damals noch erstaunlich ein-

fach – abgesehen von einem sehr korrekten deutschen Grenzer an der Bundesstraße nach Kiefersfelden.

Rückblende II

Samstag, 10.04.21: Inzwischen ist auch Ostern 2021 schon vorbei – gab es wirklich Leute, die geglaubt haben, nach Ostern 2020 käme alles wieder ins Lot? Ja, die gab es – und es sind die gleichen, denen wir verdanken, dass wir ein Jahr weiter eben genau das nicht sind: Weiter.

Heute überall schon wieder die Diskussion um Schulen und Schulschließungen. München entblödet sich nicht – weil die Inzidenzen schon wieder steigen und das ganze Hin und Her ja nichts sei – der Staatsregierung einen Vorwurf für die Öffnung nach Ostern zu machen. Hauptsache, man selbst hat den schwarzen Peter vom Tisch. Herrgott nochmal, wenn das ganze Hin und Her nichts ist (womit ich euch recht) gebe, dann tut das, was ihr die ganze Zeit hättet tun sollen: Macht die Schulen auf – und lasst sie offen.

Ich muss hier weg.

Im Rückblick ging das damals noch erstaunlich einfach – abgesehen von einem sehr korrekten deutschen Grenzer an der Bundesstraße nach Kiefersfelden.

März 2020:
Ich sitze auf der Chaiselongue und recherchiere nach Wohnungen in Deutschland. Will ich mir wirklich wieder »Gepäck« aufhalsen in einem Land, das ich vor noch nicht mal 2 Jahren aus guten Gründen verlassen

habe? Nein, will ich eigentlich nicht, aber das Gefühl, abgeschnitten zu sein, ist unerträglich.

Lockdown.

Ich beschließe, über die Grenze zu fahren und in Bayern unterzuschlüpfen. Damit wäre ich zumindest für die Arbeit wieder auf der »richtigen« Seite der Grenze. »Auf der richtigen Seite der Grenze« – zwei Tage »echter« Lockdown und es geht schon an die Existenz. Dass es ein Jahr später noch viel schlimmer ist, ahne ich zu diesem Zeitpunkt noch nicht. Ich packe meine Sachen – mit dem Gefühl: ich weiß nicht, wann ich wiederkomme. Krisenzeiten.

Taxi – nein, nicht nach Paris, nach Kiefersfelden. Ging übrigens noch ohne Coronatest. An dem Tag scheitert es aber an einem überkorrekten Grenzer mit umgehängter Waffe. Wo sind wir hier – im Krieg? Und es gibt auch schon die besonders Systemtreuen – wie schnell das geht. Kiefersfelden ist für den Verkehr ge-schlossen. Aber wenn ich jetzt aus dem Taxi steige, könne er mich doch zu Fuß rüber lassen? Nein, kann er nicht und wird er nicht und überhaupt. Jawohl, danke Herr Hauptmann (oder was auch immer).

Ok, weiter nach Niederndorf / Oberaudorf. Und guck, so geht es auch: Sie sind Deutsche? Ja, ich will in mein Geburtsland. Durchgewunken, Personalaus-weis wollte er gar nicht so genau sehen.

Bahnhof Kiefersfelden. Durfte man damals wirklich noch ohne Maske in den Zug? Ich erinnere mich nicht mehr wirklich. Der Mensch sollte nicht so schnell ver-gessen – das hülfe. Beim Erhalten der Freiheit. Und auch sonst.

Ich sitze also im fast menschenleeren Zug. Auch der Bahnsteig hatte mit seinen paar Menschen schon was von Twilight Zone – Bahnhofsgaststätte: geschlossen. Für wie lange: damals nicht vorstellbar (heute auch noch nicht). Rosenheim – Umsteigen und nochmal umsteigen: Halt: ein oberbayerisches Dorf – meine ganz alte Heimat.

Freitag, 19. März 2020: Söder verkündet, dass auch Bayern in den Lockdown geht. Vom Regen in die Traufe. Ich schlage meine Zelte trotzdem auf (dank freundlicher Unterstützung kann ich das) und harre der Dinge, die da kommen. Oder besser gesagt: die nicht kommen. Ich hatte mir meinen Laptop in den Rucksack gepackt und dank weiterer freundlicher Unterstützung kann ich am nachbarlichen WLAN partizipieren. Allein: mein Arbeitgeber kann mich nicht brauchen: »Die Kollegen sind froh, wenn sie was zu tun haben, Sie sind freigestellt«.

Nach ein paar Tagen nimmt die Sehnsucht nach Tirol überhand – Lockdown hier, Lockdown da. Macht es einen Unterschied? Dahoam is dahoam – auch wenn es das erst seit 2 Jahren ist. Rolle rückwärts: Zug – Umsteigen – Rosenheim – Umsteigen – Oberaudorf. Taxi nach Kufstein. An der Grenze: Kein Coronatest, klingt nach einem Jahr wie ein Märchen aus uralten Zeiten, und die Meldebestätigung reicht. Aber: Auch bei den österreichischen Grenzbeamten ist Krieg. Schwerbewaffnet stehen sie am Taxifenster. Wo bin ich hier?

Wo bin ich hier?

Immer noch März 2020:

Ich bin tatsächlich wieder zu Hause. Nach etwas mehr als einer Woche. Aber mit einem Gefühl, als wäre ich Jahre weg gewesen. Die Welt auf den Kopf gestellt. Geschlossene Grenzen. Kein Zugverkehr.

Ja, seid ihr denn alle irre?

Macht ein Virus an der Grenze Halt?

Ich habe viel Zeit – ich bin ja freigestellt. Ich lese, ich recherchiere, ich gucke. Ich kann es nicht fassen: Schulschließungen, warum ausgerechnet Schulschließungen? Warum überhaupt einen Lockdown?

Nachrichten aus Italien: die Leute sterben in Alten- und Pflegeheimen. Warum schützt ihr dann nicht dort? Warum macht ihr alles zu? Sie sterben auch in den Intensivstationen und Krankenhäusern, aber woran liegt das wirklich? Am Virus? An schlecht ausgestatteten Krankenhäusern, die aufgrund der Quarantäne-Vorschriften auf einmal noch weniger einsatzfähiges Personal haben als sowieso schon. Die Leute sterben auf Intensiv. Sterben dort mehr als sonst? Ich erinnere mich an einen Artikel, vor Jahrzehnten gelesen, in dem es um die – kulturspezifische – Behandlung von Krankheiten ging. Auch Medizin ist nicht objektiv, jedenfalls nicht so objektiv wie sie tut. Hatte ich darin nicht gelesen, dass in Italien mehr künstlich beatmet wird als im übrigen Europa? Oder bilde ich mir das jetzt nur ein? Trotzdem der Gedanke: Hoffentlich machen wir den Italienern jetzt nichts Falsches nach.

Doch, wir tun es. Monate später ein Zeitungsartikel über ein deutsches Krankenhaus, in dem man versucht, die künstliche Beatmung so weit wie möglich zu vermeiden. Warum macht das keine großen Schlagzeilen? Später macht es ein paar: Dem leitenden Arzt wird widersprochen. Aha, und wo bleibt eure Erfolgsquote, liebe Widersprecher?

Die Medizin, Dein Freund und Helfer. Oder doch eher: Helfershelfer? Ich finde auf der Seite des RKI den Satz, der mich durch diese Pandemie begleitet – und der mich immer noch fassungslos lässt:

»Sowohl Menschen, die unmittelbar an der Erkrankung verstorben sind (»gestorben an«), als auch Personen mit Vorerkrankungen, die mit SARS-CoV-2 infiziert waren und bei denen sich nicht abschließend nachweisen lässt, was die Todesursache war (»gestorben mit«) werden derzeit erfasst.«

Das ist nicht euer Ernst? Ist das euer Ernst? Und damit begründet ihr diese Wahnsinnsmaßnahmen? Ihr wisst noch nicht mal sicher, an was die Leute gestorben sind, aber es wird erstmal alles mitgezählt?

Ja, seid ihr denn alle irre?

Rückblende III

Frühjahr 2020: Homeoffice, ich darf wieder arbeiten, auch wenn wir zu haben. Es gibt noch nicht sehr viel zu tun, keiner weiß, wie es weitergeht. Mein guter Vorsatz der vergangenen Jahre, den ich auch durchgehalten hatte (regelmäßiges Spazierengehen) bröselt sich so langsam weg. Und wenn ich nach draußen gehe, ist es wie am Bahnhof Oberaudorf vor einiger Zeit: Twilight Zone – die Folge, in der jemand durch eine komplett menschenleere Stadt geht, die sich am Ende als Spielzeugstadt erweist, überwacht von Riesen.

Gut, gelegentlich trifft man jemanden – und im Supermarkt ist immer was los. Die letzte Anlaufstelle für zwischenmenschliche Begegnungen neben dem Bäcker ums Eck. Es wird desinfiziert, was das Zeug hält – sogar dort, wo man die Einkaufswagen rausnimmt, ist jemand abgestellt, die Griffe zu besprühen (Zeitsprung: Warum macht das eigentlich ein Jahr später keiner mehr? Weil sinnlose Maßnahmen mehr hermachen als sinnvolle?).

Ich fange an, ernsthaft nach einer Bleibe in Deutschland zu suchen. Kein grenzüberschreitender Zugverkehr? Für jemanden ohne Auto eine Katastrophe. Das geb' ich mir nicht nochmal. Und: mal wieder keine Ahnung, wie viel schlimmer es noch kommen sollte.

Seit ein paar Wochen habe ich eine Pendlerbescheinigung – ein Zettel mit einem grünen Rand und der Bestätigung des Arbeitgebers, dass ich »zwischen Wohnung und Arbeitsstätte über die bundesdeutsche

Grenze pendeln muss«. Ein Stück Papier, so wertvoll wie Gold. Und nicht vorstellbar, wie viel schlimmer es fast ein Jahr später noch kommen sollte. Und Jubel, seit 20.04.20 fährt auch wieder ein Zug. Ich fahre gelegentlich wieder in die Arbeit vor Ort – in einen fast menschenleeren Münchner Gasteig. Gelegentlich huscht eine Kollegin über den Gang, man unterhält sich kurz. Surreal. Die ersten Politikerbekundungen: Wir werden nie wieder Grenzen schließen, wir haben gelernt. Was sie wirklich gelernt haben, werde ich ein knappes Jahr später erfahren. Der Mensch sollte nicht so schnell vergessen – das hülfe. Beim Erhalten der Freiheit. Und auch sonst.

Die Arbeit wird langsam wieder mehr, wir müssen unsere Kurse absagen, Kursgebühren zurückzahlen, Teilnehmer informieren.

Der Arbeitgeber macht einen Aufruf im Intranet: Senden Sie uns Fotos aus dem Homeoffice oder erzählen Sie uns, wie es Ihnen so ergeht.

Homeoffice hat Grenze(n)

Eigentlich muss ich ja derzeit über keine – der Weg zwischen Bett, Bad und Schreibtisch (mit Zwischenstopp an der Kaffeemaschine) läuft wie geschmiert. Aber nicht müssen ist was anderes als nicht können. Deutschland hat die Grenzkontrollen schon wieder verlängert. Wie lange und wie oft wohl noch? Immerhin hat Tirol keine Allgemeinquarantäne mehr – und der Zug fährt wieder bis Kufstein. Das tat er immer, man durfte aber nicht einsteigen. Nächster offener Grenzübergang: Oberaudorf. Ganz neue wichtige Begriffe:

»triftiger Grund«. Ganz neue wichtige Dinge: ein Stück Papier mit grünem Rand – »Bescheinigung für Berufspendler« steht drauf. Wann ich wohl ohne so ein Papier wieder über die Grenze komme, ohne danach 14 Tage in Quarantäne zu müssen? Der kurze Weg zwischen Bett, Bad und Schreibtisch (mit Zwischenstopp an der Kaffeemaschine) ist ja ganz nett, aber ich wäre lieber wieder »analog« im Büro, nach einer Stunde Zugfahrt ohne Papier mit grünem Rand.

Ein Papier mit grünem Rand – noch habe ich keine Ahnung, wie glücklich ich mehrere Monate später wäre, ginge es noch (bzw. wieder) so einfach. Der Mensch vergisst zu schnell – und er gewöhnt sich zu schnell an Dinge, an die er sich nicht gewöhnen sollte. Einfach? Ist es einfach, wenn man mitten in der EU eine Pendlerbescheinigung braucht, um seiner Arbeit nachzugehen? Ach, die EU ...

Irgendwann – nein, ziemlich bald – fange ich an, regelmäßig Leserbriefe zu schreiben. Es kann doch nicht sein, dass das alle so einfach hinnehmen: Schulschließungen, wozu? Lockdown, wozu? Grenzschließungen, wozu? Die Leute in den Alten- und Pflegeheimen sterben trotzdem. Nein, sie sterben nicht trotzdem, sie sterben deswegen. Wir setzen die falschen Maßnahmen. Wo ist die Gegenwehr? Nirgends.

Ich muss etwas tun, also schreibe ich. Leserbriefe, kurz, knapp, fassungslos. Und mal wieder keine Ahnung, wie fassungslos ich noch werden werde im Laufe der Zeit.

Der Mensch hat keine Ahnung – und manchmal ist das gut so.

Irgendwann, als ich übers Web meine Mails abrufe, lösche ich versehentlich fast alle Briefe.
Ich habe sie auf dem Handy geschrieben – im Lockdown auf der Couch, als ich wieder pendeln darf, morgens auf dem Weg in die Arbeit. Nach dem Lesen von Zeitungsartikeln, Zeitungsartikel, die mich immer öfter immer fassungsloser zurücklassen.

Ich muss etwas tun – ich schreibe. Täglich. Es wird zur Routine, zu »meiner« »neuen Normalität«.
Gelöscht.

Egal, ich schreibe weiter.
Zum ersten Mal mit der Idee, nicht nur für den Tag, sondern für die Zukunft zu schreiben. Ob es wohl jemand lesen wird – irgendwann, wenn dieser Wahnsinn ein Ende hat? Falls dieser Wahnsinn ein Ende hat?

Egal, ich schreibe – jetzt.

Rückblende IV

Mittwoch, 28.04.21: Der Mensch vergisst zu schnell. Die Erinnerung an die Zeit zwischen 1. Lockdown und 30. November 20 ist eigenartig unscharf, um nicht zu sagen: nicht (mehr) vorhanden. Vielleicht ist es ja besser so? Nein, ist es nicht. Der Mensch vergisst zu schnell.

Erinnerungsfetzen:
Ich ziehe meine ungenutzte Nähmaschine aus dem Schrank, es herrscht Maskenpflicht, wenn ich mich recht erinnere, erstmal nur in den Supermärkten. Oder doch auch schon damals beim Bäcker und in der Trafik? Ich habe es vergessen.

Jeder fängt an, Masken zu nähen. Es gibt eine ganze Latte an Anleitungen im Internet. Ich kaufe (leicht illegal, denn eigentlich hat alles zu? Die Erinnerung verschwimmt) übers Internet Stoff und Gummi. Richtig: Das Abholen der Ware war dann schon illegal. Wir machen einen Termin aus, ich klopfe an der Ladentür, ein kurzer Gruß, mein Name und schnell werden Geld und Ware getauscht.

Spaziergänge durch die leere Stadt, auch abends – das Twilight-Zone-Gefühl verstärkt sich. Dennoch eigenartige Alltagserinnerungen – mussten zumindest die Verkäuferinnen bei meinem Bäcker ums Eck damals noch keine Masken tragen? Ich habe es vergessen. Es ist zu weit weg – ein Jahr, eine Ewigkeit, ein ganzes Universum.

Irgendwann im Juni fahre ich nicht nur gelegentlich ein- bis zweimal in der Woche, sondern wieder täglich in die Arbeit. Neustart bei meinem Arbeitgeber. Trotzdem ist alles anders. Die Züge sind leer. Sind sie leer? Oder sind sie das erst im Winter? Beim 2., 3. – wievielten eigentlich? – Lockdown? Ich habe es vergessen.

Sommer: Die Gaststätten haben offen, mit Abstand und Desinfektionsmittelständern am Eingang. Haben wir damals schon Registrierungspflicht? Nein, oder doch? Ich habe es vergessen. Doch, aber es geht noch nicht so genau. Ein Jahr, eine Ewigkeit, ein ganzes Universum. Irgendwann im Sommer wandere ich mit einer Freundin um den Hechtsee, danach gehen wir Pizzaessen. Die Sonne scheint. Fast eine Idylle, fast könnte man wirklich alles vergessen – wären da nicht die Masken auf den Gesichtern der Kellner und Kellnerinnen, die Masken, die auch wir uns überstülpen auf dem kurzen Weg aus dem Lokal zum Auto.

Ich habe mir wieder eine Wohnung in Deutschland gekauft. 1 Zimmer, Bad, Balkon. Irgendwann im fast normalen Sommer, kurz vor Herbstbeginn: Übergabe. Ich denke: Jetzt wird es einfacher, es wird jedenfalls nicht mehr so übel werden wie es war.

Bin ich naiv? Nein.
Aber ich denke, es gäbe noch so etwas wie gesunden Menschenverstand. Und Menschen (auch Politiker), die dazulernen wollen. Und denen es wirklich um Krankheitsbekämpfung geht. Das wird sich noch als Irrtum herausstellen.

September: Bei meinem Arbeitgeber beginnt die

neue Saison. Kursanmeldung. Auf den Werbeplaka-
ten steht groß: Neustart. Warum bin ich so skeptisch?
Weil ich das schon bin, seit ich zum ersten Mal die
Definition von »Corona-Toter« gelesen habe? Weil mir
irgendetwas sagt, dass es noch nicht vorbei ist? Die
Aussagen von Politikern, dass sie »gelernt« hätten.
Schon zu oft gehört; auch vor Corona schon.

Rückblende V

Freitag, 07.05.21: Der Wahnsinn, Runde 2.

Ein fast normaler Sommer also. Im Nachhinein ist man versucht zu fragen: Ob wir jemals wieder einen so normalen Sommer bekommen werden? Aber halt: nicht vergessen, er ist vieles, aber nicht normal: Wir tragen Masken, im Supermarkt, beim Bäcker, in der Trafik, in der Drogerie, im Bekleidungsgeschäft, im Restaurant. Händeschütteln ist damals schon ein Kapitalverbrechen, Umarmen – nur noch in der eigenen Wohnung, wehe, man würde dabei gesehen. Händeschütteln geht mir tatsächlich nicht ab, das fand ich schon immer überflüssig, Umarmen ist eine andere Geschichte.

Oktober: Bei meinem Arbeitgeber geht der Kursbetrieb los, aber schon ein paar Wochen später die ersten Anfragen von Dozenten (oh, Entschuldigung, das ist ja schon lange anders: es heißt Dozierende, wir gendern. Auch hier: ich habe noch keine Ahnung, wie übel auch das noch werden wird; aber das ist eine andere Geschichte, Petitesse am Rande – oder doch: Passend in die Zeit?): Was wir denn machen, falls wieder geschlossen wird? Könnte man nicht Online-Kurse machen?

Söder führt eine Testpflicht für Grenzpendler ein. Mal wieder: von jetzt auf gleich. Und ich flüchte ein zweites Mal nach Bayern in die Höhle des, ja, des was eigentlich? Merkel'schen Handlangers? Wohltäters der Menschheit? Künftigen Gesamtsstaatslenkers? Das ist damals noch nicht so offensichtlich wie es noch werden wird. Wüsste man immer, was noch passiert, was wäre dann? Würde ich noch hier sitzen und schreiben? Auch damals: eine Katastrophe für mich. Und ein weiteres Mal: Nicht die leiseste Ahnung, wie übel es noch werden würde.

Diesmal fährt der Zug noch. Oder, er fährt doch? Der Mensch vergisst zu schnell. Der Mensch sollte nicht so schnell vergessen – das hülfe. Beim Erhalten der Freiheit. Und auch sonst.

Hülfe es wirklich? Ich weiß es nicht, so wenig, wie ich weiß, was noch kommen wird.

Der Zug fährt. Kufstein, Rosenheim, Umsteigen. Diesmal kein oberbayerisches Dorf, sondern eine oberbayerische Kleinstadt in der Nähe des Dorfes: Altötting.

Flucht vor der Testpflicht. In eine leere Wohnung, in der Gottseidank die Küche schon eingebaut ist. In weiser Voraussicht habe ich ein paar Wochen zuvor (Intuition? Zufall? Befürchtung?) eine Matratze gekauft und Bettzeug. Wie lange es wohl diesmal dauern wird?

Rückblende VI

Samstag, 08.05.21: Der Wahnsinn – schleichend.

24.10.20: Ich stelle meinen Koffer in die Ecke und beziehe das Bett. Im Koffer: Kleidung, aber auch Lebensmittel und Besteck. Am Tag vorher noch ein kurzer Besuch in meinem Lieblingsgeschäft in Kufstein: Haushaltswaren. Neben dem Besteck noch einen Zwiebeltopf und andere Kleinigkeiten. Die Verkäuferin glaubt, das Besteck sei ein Geschenk und fragt, ob sie es einpacken soll. Ich erzähle ihr, wozu ich es brauche. Sie wünscht mir Glück.

Auch in Bayern gehe ich ein paar Tage später nochmal einkaufen: Töpfe, Teller, Brot, Wurst, Butter. Grundausstattung. Ein wenig so, als wäre man nochmal Student in der ersten eigenen Wohnung.

Ähnlich chaotisch: ich habe Strom, aber noch keine Deckenlampen. Ich wollte ja eigentlich auch nicht jetzt schon einziehen. WLAN habe ich auch noch nicht. Aber egal, ein Bett, ein Dach über dem Kopf, etwas zu essen. Und vor allem: Ich muss nicht testen.

Ich bin mein eigener Herr. Was für ein Luxus, was für eine Freiheit.

Ich versuche, mir am Bahnhof eine Monatskarte für die Zugfahrt zu meiner Arbeitsstelle zu kaufen – mit meiner Bankomat-Karte. Es geht nicht. Wieso nicht? Der nette Bahnagentur-Eigentümer sagt mir, dass das öfter mit österreichischen EC-Karten nicht ginge. Er wisse auch nicht, wieso. Vereintes Europa? Das habe ich schon im März 20 abgeschrieben. Ich gehe zur Bank, hebe Bargeld ab und mache mich wieder auf den Weg zum Bahnhof. Eine Schlange vor dem Ticket-automaten. Warum kaufen sie das Ticket dort? Die Bahnagentur hat doch offen. Ich kaufe mein Ticket bei dem netten Herrn. Wie lange er wohl noch dort sitzen wird?

Ich entdecke meine neue »alte« Stadt, in der ich das Gymnasium besucht habe. Kleine Lichtblicke des All-tags: Ein paar Hundert Meter von meiner neuen Co-rona-Notwohnung gibt es samstags einen Markt. Ich kaufe ein – mit Maske. Ich wollte niemals Maske im Freien tragen. Eine meiner roten Linien. Längst perdu.

Ich bin mein eigener Herr. Bin ich mein eigener Herr? Nur noch in der Wahl zwischen Pest und Cholera.

Lichtblicke des Alltags: eine wunderschöne Buch-handlung in der Nähe des Kapellplatzes. Gab es schon zu »meinen« Zeiten. Nein, gibt es noch viel länger, seit über 110 Jahren. Eine für die Größe der Stadt geradezu sensationelle Schreibwarenabteilung. Und ebenso sensationelles Personal: freundlich und unglaublich sachkundig (Nein, das ist keine Werbeeinschaltung und ich werde dafür nicht bezahlt, es ist nur ein Ge-fühl wie Weihnachten, dort zu stehen und bedient zu werden). Ein Gefühl wie in eine Zeitmaschine zu fallen, gleichzeitig ein moderner Laden mit Webseite und On-line-Shop. Hier gehen die Dinge zusammen. Warum geht das nur noch so selten?

Was auch nur noch selten geht: Nach Hause zu fahren. Kufstein – das inzwischen »Dahoam dahoam« getaufte. Altötting bekommt das Etikett »dahoam«.

Grund: Die bayerische EQV – Einreisequarantäneverordnung.

Eigentlich wollte ich ja irgendwann mal Österreicher werden – wenn man es dann denn mal darf nach (mindestens?) 6 Jahren. Jetzt bin ich mir nicht mehr so sicher: Die EQV hat ein Schlupfloch für Deutsche. Klingt gut? Nein, ist es nicht, jedenfalls nicht, wenn man die Perspektive wechselt: König Söder erlaubt seinen Untertanen, ungetestet für 72 Stunden nach Österreich zu fahren. Dürfen Österreicher auch für 72 Stunden nach Deutschland? Zu diesem Zeitpunkt schon: Pustekuchen.

Die EU? Ach, die EU.

Ich mache mich irgendwann in der Zeit auf, um nach dem Rechten zu sehen. Dienstagabend nach der Arbeit hin, Donnerstagfrüh wieder zurück. Gibt es damals Grenzkontrollen? Nein, ich glaube nicht. Oder doch? Kommt die grün gerahmte Pendlerbescheinigung zum Einsatz? Ich glaube nicht, jedenfalls nicht in Richtung Österreich, aber: Ich habe es vergessen.

Der Mensch vergisst zu schnell. Der Mensch sollte nicht so schnell vergessen – das hülfe. Beim Erhalten der Freiheit. Und auch sonst.

Ein ähnlich surreales Gefühl in der eigenen Wohnung wie nach der ersten Rückkehr Ende März. Alles normal hier, jedenfalls fast. Nein, nichts ist normal. Und wenn man über die Grenze will, ist gar nichts normal. Und mal wieder: Keine Ahnung, was noch so kommen sollte.

Die EQV – Einreisequarantäneverordnung.

Irgendwann ist die 72-Stunden-Regelung weg, dafür gibt es eine 24-Stunden-Regelung, die jetzt auch die Österreicher umfasst. Beide Politiker-Seiten feiern das als großen Erfolg. Ich fahre ein zweites Mal nach Kufstein – ich habe Termin. Fußpflege. Banal? Nein, auch das ist nicht mehr banal. Nur noch mit Maske. Damals noch medizinisch oder Stoff. Die Fußpflegerin bietet mir an, die Maske abzunehmen, was ich gerne tue. Nur erwischen darf uns keiner.

Irgendwann im Januar 21, als ich wieder in Österreich bin, habe ich einen zweiten Termin dort. Es wird mein letzter sein. Ob die Fußpflegerin dort jetzt wohl noch arbeitet? Körpernahe Dienstleistungen – erlaubt, aber schon lange nur mit Testpflicht. Oder hat sie gekündigt – so wie ich?

Zwei österreichische Schülerinnen und ein Arbeitnehmer klagen gegen die Testpflicht – und gewinnen. Ich bleibe trotzdem in Altötting – meine Möbel kommen erst im Dezember und Lampen habe ich auch noch keine. Und keinen Fernseher. Will ich überhaupt noch einen? Nein, ich habe genug zu tun, gegen diesen ganzen Wahnsinn anzuschreiben.

Was bringt es der Oma im Pflegeheim, wenn man ihren Enkel am Schulbesuch hindert?
Der Wahnsinn, die Unverhältnismäßigkeit, vor allem aber: die Nicht-Zielgerichtetheit der Maßnahmen in einem Satz.

Die 24-Stunden-Regelung hält nicht lang. Auch sonst hält vieles nicht besonders lang: Wir haben gelernt. Mit dem Wissen von heute würden wir nichts mehr zusperren. Die Schulen, wir werden natürlich die Schulen offen halten – das ist das Wichtigste.

Nichts habt ihr und nichts werdet ihr. Wir haben gelernt? Nein, haben wir nicht. Höchstens, wie man ein Volk unter Kontrolle hält.

Dienstag, 01.12.20: Mein Arbeitgeber muss wieder schließen – und das trotz Hygienekonzept.

Worum geht's hier eigentlich? Auch in Deutschland lese ich täglich die Tiroler Tageszeitung – und bin im November ein weiteres Mal in dieser Zeit komplett fassungslos: Ich habe mich ja seit Beginn gefragt, warum ausgerechnet immer die Schulen im Fokus stehen in Deutschland und Österreich und warum es solche irrsinnigen Rasenmähermaßnahmen wie den Lockdown gibt. Warum geht man das Ganze mit dem Zerstörungsholzhammer an statt zielgerichtet? Da lese ich doch in einem Artikel zu einer der inzwischen (jedenfalls gefühlt) fast täglichen Pressekonferenzen der österreichischen Regierung ein Statement von Rudi Anschober, dem damals noch Gesundheitsminister: Irgendwann nachdem die TT die Hauptmaßnahmen runtergebetet hat, kommt der Hinweis, dass man nun anfangen wolle, das Personal in den Alten- und Pflegeheimen regelmäßig und systematisch zweimal wöchentlich zu testen. Wie bitte? Mal unabhängig davon, was man von der Testerei hält, aber damit hängt ihr uns doch nun schon die ganze Zeit in den Ohren? Und ausgerechnet an der Stelle, an der das Ganze – wenn überhaupt – Sinn machen würde, macht ihr das jetzt erst systematisch.

Jetzt erst heißt zu dem Zeitpunkt: 8 Monate nach den ersten Covid-19-Fällen in Österreich.

Worum geht's hier eigentlich?
Um den Risikogruppenschutz, den ihr als Grund für den ganzen Wahnsinn angebt? Ja, dann schützt sie doch endlich, die Risikogruppen – aber vernünftig und zielgerichtet.

Rückblende VII

Mittwoch, 12.05.21: Winter, aber wirklich.

Die Erinnerung an den Winter ist auch nicht klarer als die an die Sommermonate. Stumpft man ab? Nein, aber der Mensch vergisst zu schnell. Ich schreibe immer noch Leserbriefe, ich kommentiere auf Facebook, wo der Ton rauer wird.

Auch so ein Kollateralschaden. Wie so viele andere. Der Umgang miteinander. Bist Du nicht meiner Meinung, dann bist Du mein Feind – und ich behandle Dich auch so.

Will ich in so einer Gesellschaft leben? Nein, will ich nicht. Beide »Seiten« schenken sich nichts, aber es gilt das, was letztlich – vor vielen Jahren schon – zu meinem Austritt aus der SPD geführt hat: Bei meiner – inzwischen – »Gegenseite«, den sog. Linken, wundert es mich immer noch mehr, denn es passt nicht zu dem Bild, das sie gerne selber von sich zeichnen. Peace? Im Gegenteil.

Covidiot. Gestatten, Covidiot.

Danke, Frau Esken, für so viel politische Diskussionskultur. Ihr Beitrag wird leider prägend für die kommende Zeit sein.

Wir haben also wieder mal geschlossen, jedenfalls den Kursbetrieb. Sehenden Auges wieder auf Null runtergebremst. Unser Fachgebiet hat keinen einzigen Online-Kurs, meine Chefin ist auf Reha und mir rennen die Dozenten (und ja, ihr Genderwahnsinnigen:

auch die Dozentinnen) per E-Mail sozusagen die Tür ein. Ich tue was ich kann, aber was kann ich schon tun?

Meine Verwandtschaft versorgt mich beim zweiten Corona-Aufenthalt in Deutschland mit einer Grundausstattung an Lebensmitteln und sonstigen Notwendigkeiten (ja, auch Toilettenpapier) – wobei die Grundausstattung viel mehr ist als das: Waschmittel, Wäscheklammern, Tempos, Lebensmittel in allen Varianten von Wurst bis Schokolade – ich werde auch beim dritten Corona-Aufenthalt noch davon zehren. Man sagt, Krisenzeiten zeigen den wahren Charakter von Menschen. An diesem Abend schlafe ich zum ersten Mal seit Wochen wieder mit Zuversicht ein.

Einige Zeit später: Meine Möbel kommen. Ich habe endlich ein Bett (ach ja, und Deckenlampen habe ich inzwischen auch). Was für ein Luxus. My home is my castle. Mehr als das castle gibt es ja auch nicht mehr.

Ich fahre weiterhin ins Büro. Auch ein persönlicher Luxus: Ich bewege mich von A nach B. Oder genauer gesagt, von Altötting nach München. Minimalistenfreiheit. Dass es auch hier noch ärger kommen wird: Mal wieder keine Ahnung.

Noch haben die Restaurants offen. Sie haben doch noch offen? Der Mensch vergisst zu schnell. Irgendwann gehe ich ein letztes Mal zum Frühstücken – ins Barbarossa. Um 14.00 Uhr an dem Tag machen sie zu – und das mit Abstand, jeder zweite Tisch hat ein Absperrband, und Hygienekonzept. Für wie lange: Mal wieder keine Vorstellung. Krankheitsbekämpfung? Danke, ihr mich auch.

Auch die Österreicher gehen wieder in einen strengeren Lockdown. Ich fahre mal wieder nach Hause. Weihnachten geht – auch mit Möbeln in AÖ – nur im Dahoam dahoam. Einfahrt in Kufstein. Was wird mich erwarten? Es kontrolliert noch keiner, niemand steht am Bahnsteig.

Weihnachten. Wie immer. Nein, nicht wie immer – der Mensch gewöhnt sich auch zu schnell. Lebkuchen backen, Gulasch kochen, Raclette essen. Darts-WM gucken – fast wie immer.

Neujahr. Wie immer. Nein, nicht wie immer – der Mensch gewöhnt sich auch zu schnell. Es gibt u.a. ein Feuerwerksverbot.

Januar. Ich fahre wieder in die Arbeit. Fast wie immer. Dass es die Ruhe vor dem nächsten Sturm ist: Mal wieder keine Ahnung.

18. Januar: Im ÖPNV nur noch mit FFP2-Maske. Es gibt noch eine Woche »Gnadenfrist«, die ich ausnutze. Aber: ich bin der einzige, weit und breit im Zug, der »nur« eine medizinische Maske trägt – bis auf eine weitere Ausnahme: Jeder mit FFP2. Wenn ihr das Teil für so gut haltet, warum habt ihr es dann bisher nicht getragen?

Auch in der S-Bahn: keiner mehr ohne. Ich kann nicht mehr. Ich laufe durch den Zug; meine Arme schlenkern, Maske, Maske, Maske, Maske, Maske, ich kann es nicht verhindern, ich fühle mich wie an Fäden aufgehängt. Die Leute gucken, aber keiner sagt was. Auch das wird mir noch öfter begegnen. Was ist das für ein Volk? Meines? Ich weiß es nicht mehr.

Ich bleibe in Bayern. Der Grund: ich weiß es nicht mehr. Haben die Österreicher jetzt angefangen, von

Pendlern einen Test zu verlangen? Kann sein. Ab 8. Februar habe ich eine Woche Urlaub. Ich fahre wieder nach Dahoam dahoam. Habe ich einen PCR-Test? Nein, aber ein ärztliches Attest. Ob es wohl reicht? Aber an der Grenze steht immer noch keiner.

Das wird sich mal wieder schlagartig ändern. Und wie sich das ändern wird. Aber mal wieder: Keine Ahnung.

Das RKI erklärt Tirol zum Virus-Mutationsgebiet. Aber kein Wunder: es gab ja auch eine innerösterreichische Steilvorlage: Tirol wird abgeriegelt, raus geht es nur noch mit Negativtest. Wer darf noch rüber? Pendler? Ja, aber nicht alle. Übers Wochenende ginge es noch, mit Vorlage eines Arbeitsvertrags. Danke, liebe Personalabteilung, dass Du es nach fast 7 Jahren immer noch nicht geschafft hast, mir einen für meine aktuelle Stelle zu senden. Im alten ist etwas von befristet zu lesen – er ist von 2011. Damit über die Grenze? Das gebe ich mir nicht – ich will es mir aber auch nicht geben. Will ich es mir geben?

Nicht systemrelevant.
Ich bin nicht systemrelevant. Rien ne va plus. Ach ja, natürlich wird auch der Zugverkehr nach Deutschland wieder eingestellt. Wir haben gelernt? Nichts habt ihr, gar nichts, außer die Daumenschrauben immer weiter anzuziehen. Für ebenfalls nichts.

Es gibt Vorlagen, die der Arbeitgeber ausfüllen und ans jeweilige Amt schicken muss, wenn er denn glaubt, dass sein Arbeitnehmer, der über die Grenze will, systemrelevant sei. Ich schicke die Sachen an die Perso – ich weiß, die Chancen sind gering, aber man könnte es ja wenigstens versuchen. Nein, kann man nicht, keine Zeit. Ich müsste den Antrag vorformulieren – wenn überhaupt. Ich habe keine Kraft mehr, nicht für so was.

Homeoffice, mein Bereich sagt dazu ja, solange es das braucht. Danke, das ist nett, aber es macht mich trotzdem fertig. Die nächsten Wochen vergehen eigenartigerweise trotz – oder wegen – der erneuten Schockstarre ziemlich schnell.

Ich fahre zum ersten Mal in Österreich testen – ich will ja vielleicht doch über die Grenze, ich weiß ja nicht, wie lange es dauern wird. Aber will ich weg? Nein, ja, nein, vielleicht. Ich treibe das Spiel, das keines ist, ein paar Wochen.

Ich fahre testen. Ich bin nicht mehr mein eigener Herr.

Der Witz daran, der kein Witz ist: Auch mit negativem Test müsste ich 14 Tage in Quarantäne. Virus-Mutationsgebiet. Krankheitsbekämpfung? Ihr mich auch.

Anfang/Mitte März werde ich endgültig ungeduldig: Kein Ende in Sicht. Ich packe mal wieder die Koffer. Und bestelle mir ein Taxi. Es fährt ja mal wieder, immer noch, kein Zug über die Grenze. Ich bin frisch getestet – und bin trotzdem ein 14-Tage-Quarantäne-Kandidat. Der Taxifahrer, der mich fährt, hat nur einen drei Stunden abgelaufenen Antigentest dabei. Damit ist an der Grenze zu Kiefersfelden Schluss mit lustig. Es nieselt. Ich muss aussteigen. Die Fahrt ist zu Ende. Ich darf mit frischem Test und Einreiseanmeldung rüber und gehe mit meiner Reisetasche zu Fuß weiter. Bahnhof Kiefersfelden: Mal wieder ein fast leerer Zug. Auf nach Altötting.

Altötting Bahnhof. Ich laufe die Bahnhofsstraße lang, fast menschenleer, ein Hauch von Frühling liegt in der Luft, die Sonne scheint. Ich kaufe mir – darf ich das eigentlich noch? Aber ich bin doch negativ getestet? – auf dem Weg in meine Quarantäne noch einen Döner. Gut, dass ich letztes Mal meine Tiefkühltruhe reichlich bestückt habe – und die Verwandtengeschenke vom letzten Mal habe ich Gottseidank auch noch. Ich melde mich beim Landratsamt: Ob sie noch was von mir brauchen, ich hätte ja die digitale Einreiseanmeldung ausgefüllt, wisse aber nicht ob das reiche. Der freundliche Herr am Telefon, den ich schon mal, als Tirol noch nicht Virusmutationsgebiet war, nach den Bedingungen zum Raustesten (geht jetzt nicht mehr) gefragt hatte, sagt mir, ich müsse umgehend Test und Einreiseanmeldung (ausgedruckt) mailen, »sonst werde es teuer«. Als ich am Abend aus dem Fenster schaue, steht ein Streifenwagen mit Rosenheimer Kennzeichen vor der Tür. Ich werde leicht panisch, obwohl ich nichts angestellt habe. Schräg nebenan ist eine Pizzeria. Vielleicht haben sie nur Hunger.

ich bestelle ein Abo bei Hellofresh. Regionalität – Fehlanzeige. Aber ich brauche wenigstens frisches Gemüse. Ach ja, in der Reisetasche habe ich Obst, Wurst und Brot dabei. Für Kleidung war kaum Platz. In Krisenzeiten muss man Prioritäten setzen. Tag 0 der

Quarantäne. Und ab morgen 14 Tage Homeoffice, um dem Homeoffice danach endlich zu entkommen. Das Wetter soll schlechter werden, sagt meine Wetterapp. Das finde ich gut. Ist das normal? Nein, ist es nicht, aber das ist ja sonst auch nichts mehr.

Rückblende VIII

Sonntag, 16.05.21: Krankheitsbekämpfung? Ihr mich auch.

Tag 1 bis Tag 14 meiner Quarantäne – 11. bis 24.03.21. Ich zähle rückwärts. Und sonst? Ich arbeite – wie in Kufstein. Homeoffice. Diesmal aber ohne Schreibtisch (der hat nämlich Lieferrückstand). Ich sitze am Fenster im Küchenteil meiner 1-Zimmerwohnung, der mit einer abgesenkten Arbeitsplatte ausgestattet ist. Die Sonne scheint mir ins Gesicht. Ich kann auf die Türme der Stiftskirche sehen. Eine Idylle. Eine Idylle? Wie so oft in dieser Zeit: nur schöner Schein. Irgendwann in der zweiten Woche der Quarantäne, die ich ansonsten strikt einhalte (ich bringe nicht mal den Müll vor die Tür, schon »grad zum Fleiß« nicht), wird mein Schreibtisch geliefert. Ich habe meine Maske auf und halte Abstand, aber ich werde den Teufel tun und die Lieferung verschieben. Ich bin negativ getestet und habe seit mehr als 7 Tagen niemanden getroffen. Lasst mich in Ruhe.

Lasst mich in Ruhe. An einem Tag lasse ich mich selber nicht in Ruhe. Ich fange an, abends im Kreis durch die Wohnung zu laufen, wie ein Tiger im Käfig. Lagerkoller? Ja, vielleicht. Coronakoller. Wird das jemals wieder besser werden? Antwort: Nein. Auch jetzt, zum Zeitpunkt des Zurückerinnerns habe ich nicht den Eindruck. Aber dazu später.

Mal schauen, was noch so kommt.

Irgendwann höre ich auf, im Kreis zu laufen und tue das, was ich in der Quarantäne abends immer tue: Ich verziehe mich mit einem Krimi ins Bett. Der nicht-vorhandene Fernseher, den ich mir eigentlich noch besorgen wollte, geht mir nicht ab. Muss ich das jetzt unter »Corona-Plus« verbuchen? Macht die Bilanz aber auch nicht positiv, bei weitem nicht.

25.03.21, Quarantäneende: Ich kaufe mir eine Monatskarte und fahre – zum ersten Mal seit Februar – wieder ins Büro. Einfach so. Surreal. Ich pendle wieder. Pendeln ist surreal, macht ja auch fast keiner mehr. Wieder mal: ein fast leerer Zug. Gasteig. Noch leerer als im Februar. Immer noch still. Ein, zwei Kolleginnen, denen man auf dem Gang begegnet. Abends nach Hause zurück.

Ich habe wieder Freigang – allein, wohin?

Die Restaurants haben immer noch zu, Kulturveranstaltungen: Fehlanzeige. Geschäfte? Immer noch zu.

Ich habe Freigang. Will ich überhaupt noch Freigang haben? Freigang in diese Welt? Lasst mich in Ruhe. Wenigstens ist das Wetter wieder besser.

Die nächsten drei Wochen vergehen mit Corona-Routine: Pendeln, Kochen, Krimilesen. Ich gehe nur noch gelegentlich Lebensmittel kaufen. Und ich fange wieder an spazieren zu gehen. Ich habe Freigang. Will ich überhaupt noch Freigang haben?

Freigang zum Fotografen – der mit Termin offen hat: Ich brauche ein neues Passfoto, mein Personalausweis ist abgelaufen. Freigang zum Passamt. Auf dem Personalausweis nun nicht mehr nur als Aufkleber wie noch im Oktober, als das »kein Wohnsitz in Deutschland« wieder überklebt wurde, sondern richtig komplett gedruckt: Mein Zweitwohnsitz, der für das deutsche Melderecht mein »einziger« Wohnsitz ist, auch wenn er de facto nur mein einziger Wohnsitz in Deutschland ist. Warum interessiert es diesen Staat eigentlich nicht, wo ich wirklich wohne? Unionsbürgerschaft? Die EU, ach, die EU.

Eigenartig, hier wieder einen Wohnsitz zu haben, einen Wohnsitz, den ich mir ohne Corona niemals zugelegt hätte. Ich bin gerne hier, ich mag meine Wohnung. Die 40 qm sind alles, was ich noch brauche: eine ordentliche Küche, ein Bett, ein Bad, ein Balkon. Was für ein Luxus. Eigentlich perfekt – aber trotzdem: Kufstein fehlt mir, auch wenn ich nicht festmachen kann, warum. Weil ich dorthin wollte – und es jetzt so schwer ist, dorthin zu kommen?

Ende April fahre ich wieder zurück – nach Dahoam dahoam. Die Nicht-Systemrelevanz ist inzwischen wieder vom Tisch (aber nur scheinbar, was die meisten Pendler zu verdrängen scheinen): Es gibt einen neuen Passus in der EQV, der den negativen Test samt 14 Tage Quarantäne für Virusmutationsgebiete festschreibt. Die Nicht-Systemrelevanz ist also nicht vom Tisch, nur gut verborgen. Was, wenn die nächste Mutation auftaucht? Juckt keinen, alle sind froh, dass es wieder »normal« ist. Ist es normal?

Nein, normal ist es nicht, der Mensch hat nur vergessen, was normal ist. Und wie es vorher war – vor inzwischen über einem Jahr.

Der Mensch sollte nicht so schnell vergessen – das hülfe. Beim Erhalten der Freiheit. Und auch sonst.

Rückblende IX

Freitag, 28.05.21: Normalität? Abnormal.

Ich bin also wieder zurück in Österreich. Frisch getestet, diesmal die deutsche Variante. Ein Hausarzt hat ein ganzes Stockwerk in der Nähe des Pasinger S-Bahnhofs angemietet für ein Testzentrum. Auf meiner Krankenkassenkarte steht die österreichische Adresse, also nix mit Bürgertest, ich muss zahlen. Ich könnte meinen deutschen Ausweis zeigen, vielleicht wäre es dann umsonst. Aber gratis ist es eh nicht. Wir alle zahlen – und das werden wir noch lange tun. Ich lasse den Ausweis in der Tasche. Alles sehr ordentlich, sehr clean, aber: Die Dame, die den Abstrich nimmt, möchte, dass ich (das Ganze findet auch noch im Sitzen statt) den Kopf in den Nacken lege. No way. Wir kabbeln uns ein wenig und finden einen Kompromiss. Vorbei. Bekomme ich gerade Sehnsucht nach einem österreichischen Antigentest? Wie pervers ist das denn?

Jetzt also an der Grenze: »Sind Sie Pendler?« »Ja«. Das »Wenn ihr mich lasst« verkneife ich mir.

21.04.21: Kufstein.

Ich versuche, mich mal wieder ein Jahr zurückzuerinnern. Ab 20.04. fuhr wieder ein Zug über die Grenze. Ich bin gelegentlich damit gefahren, weil ich zu Hause keinen ordentlichen Scanner habe, den ich für einen wichtigen Teil meiner Arbeit aber brauche. Kontrolliert wurde damals (Waren es damals die Deutschen, die strenger waren? Ich glaube, ja) lediglich die grün eingerahmte Pendlerbescheinigung. Pendler, Commuter, Travailleur frontalier – grün eingerahmt mit einem Strich quer durch den 3-zeiligen Text. Wie durchgestrichen. Im Rückblick ein Vorbote weiterer Verbote: Pendler, Commuter, Travailleur frontalier – das zu sein reichte später nicht mehr, um noch über die Grenze zu kommen. Grün war die Hoffnung, aber sie wurde enttäuscht.

Später kommen die Tests hinzu, zuerst von den Bayern. Und irgendwann sind sie wieder weggeklagt. Grün ist die Hoffnung, aber nicht lange. Ist es Januar 2021, als ohne Test nichts mehr geht? Ich erinnere mich nicht mehr wirklich. Mal wieder nicht. Vielleicht ist das auch gut so. Nein, ist es nicht. So schnell darf man nicht vergessen. Nicht all das. Januar 2021 ist jedenfalls auch: FFP2. Und jeder macht mit. Auch ich.

Ich bin nicht mehr mein eigener Herr.
Was gab es noch? Das »zwingende Erfordernis«, das der Arbeitgeber bestätigen musste, damit man noch über die Grenze kam. Wann war das? Dezember? Egal, ein weiterer Stein im Mosaik der Repressalien. Krankheitsbekämpfung? Ihr mich auch.

Und natürlich der Super-Gau, die Systemrelevanz. Die Ende März wieder weg ist. Ist sie weg? Nein, ist sie eben nicht: Sie gilt weiterhin für Virusmutationsgebiete. Auch so ein Begriff, mit dem das RKI (oder war es doch die WHO?) die Welt beglückt hat. Wie vielen Leuten, die sich freuen, das wohl klar ist: Tirol ist kein Virusmutationsgebiet mehr, kann aber morgen, übermorgen, in zwei Wochen, in einem halben Jahr, wieder eines sein. Viel Spaß. Alles wieder normal? Der Zug fährt, ich pendle wieder, aber normal, normal ist nix. Macht euch nichts vor. Es ist bestenfalls ein bisschen weniger abnormal.

Die neue Normalität: Getestet. Mit einer digitalen Einreiseanmeldung für Deutschland in der Tasche. Und der österreichischen Variante, die sich schon ganz fortschrittlich »Pre-Travel-Clearance« nennt. Einer der Polizisten am Bahnhof Kufstein fragt mich tatsächlich irgendwann mit breitem Tiroler Akzent: Hams Ihr' PTC a dabei? Ich muss fast grinsen – wenn es nicht so ernst wäre.

Aber die neue Normalität hat noch lange nicht fertig.

Rückblende X

Samstag, 05.06.21: Das 4. G. Chancenlos.
Der »Grüne Pass« kommt – zum Eintragen der 3G. G wie getestet, genesen oder geimpft. Am besten natürlich geimpft. Darauf kommt es an, wir impfen euch alle. Bist Du nicht 3G, bist Du – nicht mehr viel. Jedenfalls nicht, wenn Du über die Grenze willst, abends nach der Arbeit wieder nach Hause. Ich erinnere mich zurück: An die grün umrandete Pendlerbescheinigung vom März 2020 mit der Bestätigung meines Arbeitgebers, dass ich zum Arbeiten über die Grenze muss. Das reichte – damals. Damals war letztes Jahr, es kommt mir vor wie ein Jahrzehnt.

Der Mensch sollte nicht so schnell vergessen – das hülfe. Beim Erhalten der Freiheit. Und auch sonst.

Ich sehne mich nach den Zeiten, in denen also diese grüne Pendlerbescheinigung einen Grenzübertritt ermöglicht hat. Ja, bin ich jetzt auch irre? Es gab mal Schengen, erinnert sich noch jemand? Nein, offensichtlich nicht. Wie schlimm muss es noch werden?

Und Österreich ganz vorne dabei: Seit 19. Mai darf man nur noch als eines der 3G zum Wirt, zu Veranstaltungen, zu körpernahen Dienstleistern. Letzteres ist nicht neu – den Friseur und die Fußpflege habe ich mir schon lange abgewöhnt. Kollateralschaden. Veranstaltungen? Das wäre bei mir vor allem: Kino. Da habt ihr gewonnen: Die Lockdowns haben mich vom Kinogeher zum Downloader und Streamer gemacht. Fürs Kino testen? Ganz sicher nicht. Ich denke an das Programmkino im Scharfrichter in Passau, dessen Programm mich in meinen Studentenzeiten zum aficionado gemacht hat, an die zahlreichen Kinobesuche auch in fremden Ländern, an meine Lieblingsfilme wie Witness for the Prosecution, La ley del deseo, The Crying Game und viele mehr – zu denen nun keiner mehr dazu kommen wird, jedenfalls nicht mehr im Kino. Muss ich jetzt dankbar sein, dass ich noch zu Hause lesen darf und das auch wieder öfter tue? Meine Coronahütte in Bayern hat keinen Fernseher – und sie wird auch keinen mehr bekommen, das ist sicher.

Aber nicht mehr zum Wirt? Das kommt mich hart an. Nicht mehr Frühstücken gehen außer Haus, kein Weißwurstfrühschoppen mehr, kein Mittagsabo, kein Spritzer auf die Schnelle nach dem Einkaufen? Nicht mehr in der Sonne sitzen an der Innpromenade im Café?

Der 19.05. ist zufälligerweise ein Mittwoch, mein Ich-muss-testen-fahren-Tag. Ergebnis: negativ. Und jetzt? Für ganze 48 Stunden dürfte ich jetzt Frühstücken gehen außer Haus, zum Weißwurstfrühschoppen oder zum Mittagsabo oder den Spritzer trinken an der Innpromenade im Café. Will ich das? 48 Stunden Freigang? Ihr könnt mich mal, ich kaufe ein frisches Brot beim Bäcker und mache mir meinen Kaffee zu Hause. Mittags bin ich dann fast so weit: Ich ziehe meinen Mantel an und packe das Handy mit dem frischen Test ein. Heute, heute muss es sein, ich habe ja heute frei, morgen muss ich wieder arbeiten, also habe ich nur heute, heute, heute. Ich habe den Griff der Wohnungstür schon in der Hand und sie halb geöffnet, da komme ich zur Besinnung: Was tue ich hier eigentlich hier? Ich gehe heute los wie ein Pawlowscher Hund, weil ich in nicht mal mehr 48 Stunden nicht mehr darf? Ja, bin ich denn jetzt auch irre?

Mein eigener Herr bin ich jedenfalls nicht mehr – nur noch in der Wahl zwischen Pest und Cholera.
Ich mache die Haustür wieder zu und mich ans Kochen.

Und eine Woche später kriegen sie mich natürlich doch: Frühstück außer Haus. Es sind mehr Leute im Café als ich gehofft habe – aber viel weniger als ich befürchtet habe. Extra für den Wirt testen gehen tun wohl doch nicht ganz so viele. Ein Hoffnungsschimmer. Ein Hoffnungsschimmer? Von wegen. Auch ich sitze hier, zeige brav meinen frischen Test vor und registriere mich ebenso folgsam. Als ich irgendwann wieder zu Hause bin, merke ich, dass ich vergessen habe, mich aus der Registrierungsapp wieder abzumelden. Also war ich jetzt scheinbar über vier Stunden im Café. Und zählte im Ernstfall als potenzielle Kontaktperson von Leuten, denen ich tatsächlich gar nie begegnet bin. Brave new world.

Ich koche also wieder selber und den Spritzer auf Café-Terrassen verkneife ich mir.

Brave new world. Definitely not mine.

Oder: »Gesund« – gestorben an Corona.

Gegenwart

Mittwoch, 16.06.21: Der neueste Gag: »Nicht nachgewiesen«.

Wieder mal getestet, damit ich aus der Arbeit wieder nach Hause darf. Der »Grüne Pass« rückt immer näher – und mit ihm weiterer Corona-Neusprech (und nicht nur das): Es gibt ein neues Test-Zertifikat.

Denken verändert Sprache, Sprache verändert Denken. Jetzt sind die Zwangs- oder Freiwillig-Getesteten also nicht mehr positiv oder negativ, nein, nun heißt es »nicht nachgewiesen«. Das Virus ist also »nicht nachgewiesen«. Ergo: Nun sind wir wirklich endgültig alle im Narrativ der Regierung(en) zu potenziellen »Lebensgefährdern« (Von wem war nochmal das Zitat? Anschober? Kurz? Der Mensch vergisst zu schnell) mutiert. »Nicht nachgewiesen«, nur noch »nicht nachgewiesen«. Die latente Drohung dahinter: Das schaffen wir auch noch. Wir weisen es Dir nach, irgendwann, mit irgendeiner Methode. Wir schaffen das.

Und nebenbei werden wir noch ein wenig weiter »neu formatiert« (den Trend gibt es ja leider schon länger): Mein Geburtstag? 21.08.1964. Nein, falsch gedacht: 1964-08-21. Egal? Eine Petitesse? Wie wäre es denn dann mit der – neuen – Zeile: »Krankheit oder Erreger – disease or agent targeted«? Glaubt ihr immer noch, das ist vorbei, wenn ihr euch impfen lasst? Das ist irgendwann vorbei? Corona, ja, vielleicht. Der Wahnsinn bleibt euch erhalten. Er wird nämlich künftig mit jedem Erreger funktionieren, den die Politik aus dem Hut zaubert. Eine Petitesse? Ihr werdet über keine Grenze mehr kommen, ohne dass ihr nachweist, dass ihr gesund seid. Eine Petitesse? Nicht, wenn die Politik beliebig definiert, was »gesund« ist. Oder eben »krank«, wobei es ja nun endgültig offensichtlich ist, dass es darauf nicht (mehr) ankommt: »Nachgewiesen« reicht.

»Nicht nachgewiesen«? Das schaffen wir auch noch. Während ich das schreibe, pingt mein Handy. Eine Mail des Bayerischen Impfzentrums. Irgendwann am Jahresanfang – noch lange vor den Nachrichten über Thrombosen und Myokarditis nach »der« Impfung (andere scheint es ja nicht mehr zu geben) – hatte ich mich mal über ein Tool des Landratsamts Altötting angemeldet. Ich war neugierig, wie das so läuft. Und ja, vielleicht hättet ihr mich – ohne diese Nachrichten – sogar in die Schar der Impflinge einreihen können.

Ich könnte jetzt einen Termin ausmachen. Ich logge mich ein.

Und nun?

Ich lösche meinen Datensatz. Möge jemand anderes mit dieser Dosis glücklich werden – ich werde es nicht.

Die Leserbriefe

Der Mensch vergisst zu schnell.

Wann habe ich meinen ersten Leserbrief zu Corona geschrieben? Ich weiß es nicht mehr genau – irgendwann Mitte März 2020. Knapp vor dem Lockdown (und wenn ja welchem, dem österreichischen oder dem bayerischen/deutschen)? Oder erst ein paar Tage darin? Ich erinnere mich nicht mehr.

Wenn ich mich noch recht erinnere, dann ging um die Schulschließungen und um die Zielgerichtetheit dieser Maßnahme. In Bayern hat man erste Schulen nach Coronafällen schon am 12./13. März geschlossen. Das Thema wird mich lange begleiten – ich habe natürlich keine Ahnung, wie lange es sein wird. Aber irgendetwas sagt mir schon zum damaligen Zeitpunkt: Das wird dauern und es wird ganz anders als die meisten – zu dem Zeitpunkt – glauben. Warum schließt man Schulen, wenn die Risikogruppe (und doch, das war nach den Berichten aus Italien zu diesem Zeitpunkt schon ziemlich klar) die Leute in den Alten- und Pflegeheimen sind?

Es macht einfach keinen Sinn.

Auch dieser Satz wird mich lange begleiten – er tut es immer noch.

Die Leserbriefe von März bis 20. August habe ich nicht mehr; gelöscht. Dennoch gibt auch der Rest einen guten Eindruck vom Corona-Wahnsinn, der dieses Land bzw. »meine« beiden Länder, der diesen Kontinent, diese Welt befallen hat. Warum geht man mit dieser Krankheit so um? Warum hat man es in 16 Monaten tatsächlich geschafft, in die Köpfe der Mehrheit die Gleichung »Virusbefall« = »krank« einzuhämmern, auch wenn das für die ganz große Mehrheit der Betroffenen nicht zutrifft?

Es macht einfach keinen Sinn.

Macht dagegen anschreiben einen?

Ich weiß es nicht.

Aber was sollte ich sonst tun?

PS: Die Artikel, auf die sich die Briefe beziehen, fehlen hier natürlich. Beim erneuten Lesen der Briefe habe ich aber festgestellt, dass fast alle – zumindest im Zusammenspiel mit der im Betreff jeweils erwähnten Überschrift – gut für sich alleine stehen können. Ach ja, und ehe irgendein »Tugendwächter der Zitate« fragt: Ja, ich habe den einen oder anderen Schreibfehler ausgebessert oder Umbruch geändert. Ansonsten ist alles so, wie ursprünglich abgeschickt.

An die Passauer Neue Presse (PNP), 21.08.20:

Zu: »Reisewarnung für Teile Kroatiens« und »Der Tanz mit Corona«

Erst spielt man die Alten gegen die Jungen aus und schließt ausgerechnet die Schulen statt vernünftigen Risikogruppenschutz zu betreiben. Und weil das noch nicht reicht, jetzt die Reisenden gegen die Daheimbleiber. Glaubt ihr im Ernst, wenn man die Daheimbleiber so flächendeckend testen würde wie die Reiserückkehrer, gäbe es einen signifikanten Unterschied in den jeweiligen Infiziertenquoten?

Mit freundlichen Grüßen

An die PNP, 24.08.20:

Zu: »Corona-Verschärfungen drohen«

Geht das Spielchen also schon wieder los? Allein, wohin haben uns denn die bisherigen Maßnahmen gebracht? 2.034 neue Corona-Fälle am Samstag. Die Erhöhung der Testzahlen erklärt sicherlich nicht alles, aber warum schafft es das RKI eigentlich, täglich Infiziertenzahlen zu veröffentlichen, aber nur einmal in der Woche (aufsummiert) die Zahl der zugehörigen Tests? Und wo bleibt eigentlich die Anzahl der tatsächlich Hospitalisierten? Zur Erinnerung: Alle Maßnahmen wurden am Anfang damit begründet, dass man eine Überlastung des Gesundheitssystems vermeiden müsse. Es wird Zeit, die Verhältnismäßigkeit der Maßnahmen wieder (oder vielleicht zum ersten Mal?) an diesem Maßstab auszurichten. Insbesondere, da ja auch in Ländern mit Lockdown die häufig ins Feld geführten zu schützenden Risikogruppen am stärksten betroffen waren: Gibt es inzwischen wirklich in jedem Alten- und Pflegeheim ausreichend Schutzkleidung? Es braucht einen vernünftigen Risikogruppenschutz, der genau bei diesen Gruppen ansetzt, keinen Lockdown für alles und jeden oder – wie kürzlich schon wieder in Berlin – ganze Schulschließungen wegen eines einzigen Infiziertenfalls. Dieser Paradigmenwechsel ist schon lange überfällig.

Mit freundlichen Grüßen

An die tz, 25.08.20:
Zu: »Die neue Coronawelle«
Ich kann es echt nicht mehr hören. Ja, die Zahlen steigen wieder. Hat jemand etwas anderes erwartet, wenn mehr getestet wird? Das erklärt nicht alles, aber einiges. Die Grenzwerte 35 und 50 auf 100.000 Einwohner sind absolute Zahlen. Wenn ich – mal angenommen – doppelt so viele Leute teste wie vor 10 Wochen, wäre es dann nicht sinnvoller, einen Wert in Relation zu den durchgeführten Tests zu nehmen? Also die Positivenquote als Ausgangspunkt für Maßnahmen? Und Schulschließungen klingen auch schon wieder an. Geht's noch? Wie viele Leute sind denn tatsächlich hospitalisiert? Zur Erinnerung: Alle Maßnahmen wurden ursprünglich mal eingeführt, um eine Überlastung des Gesundheitssystems zu vermeiden – nicht weniger, aber auch nicht mehr. Verhältnismäßig ist hier schon lange nichts mehr. Und wenn es wirklich um Risikogruppenschutz geht: Wie sieht es denn wirklich aus in den Alten- und Pflegeheimen? Warum hat nicht schon jeder, der Risikogruppe ist, einen Satz

FFP3-Masken auf Staatskosten zu Hause? Das wäre mal sinnvoll angelegtes Steuergeld statt symptomlosen Reiserückkehrern hinterherzutesten – und das auch noch outgesourced.

Mit freundlichen Grüßen

An die PNP, 27.08.20:
Zu: Reisen in Risikogebiete erschwert

Was bitte ist ein Risikogebiet? Jetzt fängt dieser Unfug, den wir bereits am Anfang dieser Pandemie hatten, schon wieder an. Hört endlich auf mit dieser nationalen Brille, die in jedem Land auch noch einen anderen Fokus hat – wenn überhaupt, dann ist die ganze Welt ein Risikogebiet. Laut RKI wurden in der KW 34 aus den Testzentren für Einreisende bei 70.813 Tests 629 positive Fälle gemeldet (Positivenquote 0,89 %). Das ist lediglich minimal höher als die allgemeine Positivenquote der KW 34, die bei 0,88 % lag (8.655 Fälle bei 987.423 Tests). Das RKI bemüht sich zwar in diesem Abschnitt des Berichts sehr, zu erläutern, warum nicht sein kann, was nicht sein darf (z.B. könne aufgrund fehlender Angaben auf dem Einsendeschein in den Laboren nicht unterschieden werden, ob die Proben tatsächlich von einreisenden Personen stammten), für mich als Laie bleibt aber angesichts dieser Zahlen die Frage: Könnte es sein, dass Reisende gar nicht »gefährlicher« sind als Daheimbleiber? Oder anders rum gefragt: Wenn es hier so viele Unwägbarkeiten gibt, wie kann man dann behaupten, dass sie es seien?

Mit freundlichen Grüßen

An die tz, 28.08.20:

Zu: Merkel zieht die Zügel an

Und gleich im ersten Satz das ewige Mantra: »Die Corona-Fallzahlen steigen«. Stimmt das wirklich? Für die KW 34 (die bisher letzte Woche, für die das RKI auch die Gesamt-Testzahlen veröffentlicht hat) ist jedenfalls ein Gegentrend festzustellen: KW 33: 8.661 positiv Getestete, KW 34: 8.655 positiv Getestete. Das scheint zwar zunächst nur minimal, dem ist aber nicht so: In der KW 34 wurden nämlich im Vergleich zur Vorwoche ganze 95.435 Tests mehr durchgeführt. Die Positivenquote ist dabei von 0,97 % in der KW 33 KW auf 0,88 % in der KW 34 gesunken.

Mit freundlichen Grüßen

An die PNP, 04.09.20:

Zu: In der Steinzeit

Ist das Problem wirklich der fehlende Digitalisierungsschub? Oder ist der Haken nicht ein ganz anderer, über den es sich viel mehr nachzudenken lohnte? Man hat auf einen privaten Dienstleister outgesourced, heißt, jemand verdient sich – wahrscheinlich – eine goldene Nase, aber das natürlich mit möglichst geringem Mitteleinsatz. Dass da dann einiges aufs der Strecke bleibt, ist klar.

Mit freundlichen Grüßen

An die Tiroler Tageszeitung (TT), 08.09.20:

Zu: Müssen das Virus isolieren, nicht die Menschen

Herr Anschober denkt also an Schutzanzüge für Besucher in Pflegeheimen, damit direkter Kontakt weiter möglich ist? Über ein halbes Jahr nach Beginn der Pandemie wird also »schon« über so was nachgedacht? Wie wäre es denn endlich mal mit einem Paradigmenwechsel, der tatsächlich bei den Risikogruppen ansetzt, um deren Schutz es hier die ganze Zeit angeblich geht? Stattdessen schickt man in Wien die Schüler mit Maske in die Schule. Wo bleibt die Evaluation, was an Maßnahmen tatsächlich Sinn macht? Auf der Strecke – auf der Strecke des politischen Kalküls.

Mit freundlichen Grüßen

An die PNP, 10.09.20:
Zu: Drei Schwerverletzte und 1,5 Millionen Schaden
Ich verstehe wirklich nicht, warum es in einem hochentwickelten Land wie Deutschland, das offensichtlich auch Geld für ziemlich überflüssige Dinge hat (eine Zeitungsseite weiter: Merkelbesuch in Herrenchiemsee: 120.000 Euro), noch immer unbeschrankte Bahnübergänge gibt. Dafür ist kein Geld da? Noch nicht mal, wenn man die gravierenden Folgen gegenrechnet?

Mit freundlichen Grüßen

An die TT, 11.09.20:
Zu: Innsbruck und Schwaz gelb
Auf Drängen von Kanzler Kurz werden also die Maßnahmen insgesamt verschärft? Insgesamt, d.h. man führt die gerade eingeführte, versprochene Differenzierung durch die Ampel wenige Tage nach Einführung schon wieder ad absurdum? Auf was soll sich das Volk eigentlich noch einstellen – außer darauf, dass letztlich doch nur »par ordre mufti« entschieden wird?

Und zur generellen Einführung der Maskenpflicht: Wo bleibt bitte eine ehrliche Evaluation der Sinnhaftigkeit der Maßnahmen? Hat die Wiedereinführung wirklich was gebracht? Wäre man sarkastisch, könnte man sagen: Nix, die Infektionszahlen haben sich sogar erhöht. Vielleicht tut uns das Teil doch nicht so gut wie propagiert? Gerade die Länder mit der strengsten Maskenpflicht stehen gerade nicht so gut da. Es wäre jedenfalls an der Zeit, einen ehrlichen Blick auf die Maßnahmen zu werfen: Oder ebenso sarkastisch gefragt: Schütze ich die Oma wirklich am besten mit einer Schulschließung?

Mit freundlichen Grüßen

An die tz, 11.09.20:
Zu: Plan für den Lockdown
Auch, wenn keine Testzahlen für München veröffentlicht werden: Welchen Sinn macht es, angesichts bundesweit in den letzten Wochen massiv erhöhter Tests an den absoluten Zahlen 35 und 50 festzuhalten? Und dann arbeitet die Verwaltung ausgerechnet ein Konzept aus (müsste das, wenn überhaupt, nicht schon fertig sein?), in dem offensichtlich wieder über den gleichen Unfug wie zu Corona-Hoch-Zeiten nachgedacht wird und es die Kinder wieder am ersten und meisten trifft? Begründung für alle Maßnahmen war eine Vermeidung der Überlastung des Gesundheitssystems. Davon sind wir meilenweit entfernt. Stattdessen verschwenden wir unsere Ressourcen mit einer Testjagd nach symptomfreien Infizierten. Komplett sinnfrei. Oder noch etwas zynischer gefragt: Schützt

es die Oma wirklich, wenn man ihren Enkel aus der Schule aussperrt?

Mit freundlichen Grüßen

An die tz, 12.09.20:

Zu: Politiker müssen geschützt werden

Ja, das müssen sie. Respekt ist aber keine Einbahn-straße. Wer einen beleidigungsfreien Umgang fordert, sollte einen solchen Umgang auch mit den eigenen Bürgern pflegen – und davon sind auch zahlreiche Politiker meilenweit entfernt: Siehe Frau Esken mit ihrer pauschalen »Covidioten«-Verunglimpfung, die von ihren Politikerkollegen unterschiedlichster Cou-leur keineswegs verurteilt, sondern sogar aufgegriffen wurde.

Mit freundlichen Grüßen

An die TT, 12.09.20:

Zu: Corona-Regeln weiter verschärft

Wenn ich schon lese, dass bei der Ampel »gelb« ein mittleres Risiko bedeutet. Hallo, bei 4 Stufen gibt es keine Mitte – aber Logik ist in Corona-Zeiten ja gene-rell ein knappes Gut.

Mit freundlichen Grüßen

An die TT, 13.09.20:

Zu: Ansteckungskurve zeigt steil nach oben

Vielleicht sollten wir uns endlich mal einen etwas län-gerfristigen Horizont angewöhnen – und sei es auch nur ein zweitägiger (Ironie off): Laut des Dashboards auf https://info.sozialministerium.at von gerade eben

(13.09.20, 12 Uhr) sieht es nämlich schon wieder besser aus: 11.09.20: 861 neue Fälle, 12.09.20: 365 neue Fälle. Und vielleicht sollten wir – statt symptomlose bzw. falsch positive Leute völlig zweckfrei für 14 Tage in Quarantäne zu halten – endlich mal mehr Sorgfalt dahin legen, wo sie wirklich hingehört: Lediglich einen Klammerzusatz in dem Bericht sind 26 Fälle in einem Pflegeheim in Niederösterreich wert. Wir testen also massenweise Gesunde, Schulschließungen und ein zweiter Lockdown werden uns auch schon wieder als Schreckgespenst vor die Nase gehalten – aber wir kriegen es immer noch nicht hin, die Risikogruppen wirklich zu schützen? Allerhöchste Zeit, den Schwerpunkt der Maßnahmen anders zu setzen.

Mit freundlichen Grüßen

An die TT, 18.09.20:

Zu: Im Dschungel der Reisewarnungen

Das einzige Mittel dagegen ist also, dass Österreich die Infektionszahlen wieder spürbar nach unten drücken kann? Ja, aber dann wird es erstens mal Zeit, sich über die Zuverlässigkeit des PCR-Tests zu unterhalten – und die exorbitante Zahl an falsch positiven Ergebnissen, die dieser Test bei geringer Prävalenz hervorruft. Und zweitens über einen endlich fälligen Paradigmenwechsel, der wegkommt davon, die Zahl der positiv Getesteten für das ausschlaggebende Kriterium zu halten: Wie war das nochmal am Anfang? »Wir müssen eine Überlastung des Gesundheitssystems vermeiden«. Je niedriger die Zahlen der Hospitalisierten und der Intensivpatienten wurden, desto absurder und überzogener wurden die Maßnahmen – und so ist es (angesichts der Testfehlerquote) auch jetzt. Das ist nicht mit Kanonen auf Spatzen schießen, das ist mit Kanonen das Haus in Schutt und Asche legen, das hinter dem Spatzennest steht.

Mit freundlichen Grüßen

An die tz, 18.09.20:

Zu: Was läuft da in Österreich schief

Da läuft jedenfalls nicht das schief, was man uns weißmachen will. Schief läuft, dass sich niemand um die exorbitante Fehlerquote des PCR-Tests schert, die es bei geringer Prävalenz des Virus in der Bevölkerung hat: Wenn wir das nicht endlich zur Kenntnis nehmen, wird das eine wirklich herbeigetestete Dauerwelle – dank falsch positiver Tests. Kleiner Sarkasmus am Rande: Die Zahlen steigen, seit es die 2. Maskenrunde gibt. Blöd gelaufen.

Mit freundlichen Grüßen

An die TT, 19.09.20:

Zu: Die Disziplin ging verloren

Das mag so sein, was aber auch verloren ging – falls es überhaupt jemals vorhanden war – ist eine Überprüfung der Wirksamkeit und Sinnhaftigkeit der Maßnahmen. Man verdonnert uns wieder zu einer strengeren Maskenpflicht, obwohl laut AGES weder bei der ersten Einführung der Maskenpflicht noch nach der ersten Abschaffung eine signifikante Wirkung festgestellt werden konnte – und man sarkastisch auch darauf hinweisen könnte, dass die Zahlen seit der zweiten

Einführung jedenfalls nicht gesunken sind. Stattdessen hat man den Babyelefanten (Hat eigentlich noch ein anderes Land ein derart infantiles Abstandsmaß?) auf einen Meter geschrumpft. Hat eigentlich schon mal jemand untersucht, wie diese Schrumpfung und auch die Tatsache, dass in der Gastronomie die Tische wieder so wie vor Corona stehen, mit den Zahlen der positiv Getesteten korreliert?

  Mit freundlichen Grüßen

An die PNP, 22.09.20:
Zu: Corona-Alarm als Quittung für Münchner
München führt also eine Maskenpflicht im Freien ein. Werden die Maßnahmen eigentlich evaluiert? Vielleicht würde ja mal ein Blick über den Gartenzaun helfen: Weder bei der ersten Einführung noch bei der ersten Abschaffung der Maskenpflicht ließ sich in Österreich irgendeine Korrelation zu den Fallzahlen feststellen – und dass es seit der Wiedereinführung jedenfalls keine positive Relation gibt dürfte auch klar sein. Die Länder mit strengen Maskenpflichten (Italien, Frankreich, Spanien) haben miserable Zahlen. Vor allem aber: **Wohin wollen wir mit alldem eigentlich?** Bin ich der Einzige, der sich über die Entwicklung von »Das Gesundheitssystem darf nicht überlastet werden« über »Wir müssen die Risikogruppen schützen« (Fußnote: Tun wir das wirklich?) und »Die Reproduktionszahl ist das Entscheidende« (Fußnote: Wo ist die eigentlich hin verschwunden?) hin zu »50 Neuinfektionen auf 100.000 Einwohner« (Fußnote: Bei wie viel mehr Tests als im Frühjahr?) wundert? Oder mal richtig

böse gefragt: Wollt ihr die totale infektionsfreie Gesellschaft?

Mit freundlichen Grüßen

An die TT, 23.09.20:

Zu: 55 Klassen in Quarantäne, Verunsicherung groß

Wegen insgesamt 76 positiv Getesteten sind 55 ganze Klassen in Quarantäne? Nota bene: Positiv getestet, erstmal nicht mehr. Wie viele davon sind wirklich erkrankt? Schützt es irgendeine Hochrisikoperson im Altenheim wirklich, wenn wir ihren Enkel 2 Wochen am Schulbesuch hindern? Oder sind Quarantänen für Kontaktpersonen generell der falsche Weg? Wir fixieren uns immer mehr auf die Infizierten – um das Thema »Überlastung des Gesundheitssystems« geht es schon lange nicht mehr. Wo wollen wir mit diesen Maßnahmen hin? Zur komplett infektionslosen Gesellschaft? Macht das Sinn?

Mit freundlichen Grüßen

An die TT, 24.09.20:

Zu: EU planlos bei Reisewarnungen

Es würde sich rentieren, ein wenig in den Archiven der letzten Monate zu kramen: Was wurde da nicht alles getönt von künftigem gemeinsamem Vorgehen, Koordination und gegenseitigen Absprachen. Aber auch – oder gerade? – in Coronazeiten gilt das alte Politikersprichwort: »Was kümmert mich mein Geschwätz von gestern«. Letztlich zeigen die unterschiedlichen Warnungen nur die Absurdität der Reisewarnungen insgesamt auf: Denn dass die Niederländer (Reisewarnung nur für Innsbruck) resistenter gegen das Virus seien als die Belgier (Reisewarnung für ganz Tirol) wird ja nun wohl wirklich niemand ernsthaft behaupten wollen. Obwohl – in diesen Zeiten ist alles möglich ...

Mit freundlichen Grüßen

An die TT, 25.09.20:

Zu: Schramböck muss zehn Tage in Quarantäne

Schramböck und Edtstadler in Quarantäne? Vielleicht bringt das ja zum Nachdenken, wenn die Maßnahmen auch mal die Politikerkaste treffen – und die völlig überzogenen Kontaktpersonenquarantänen hätten endlich ein Ende.

Mit freundlichen Grüßen

An die TT, 26.09.20:

Zu: »Das kleinere Übel« und »Behörde verordnet Abstand zum Sohn«

»Nachdem ein Impfstoff noch nicht vorhanden ist und ein zweiter Lockdown keine Option ist, führt der Weg wohl nur über eine konsequente Einhaltung der Corona-Vorsichtsmaßnahmen«. Ist das so? Warum stellt eigentlich niemand mal die Prämissen des Umgangs mit dieser Infektion in Frage? Abstand und Handhygiene – kein Problem, jederzeit gerne. Aber hängen die steigenden Zahlen wirklich daran, dass hier geschludert wird? Und vor allem, sind sie das wirkliche Problem? Es wird getestet wie wahnsinnig (zwischen 24.09. und 25.09. Stand jeweils 9.30 Uhr 20.409 Tests), angesichts der Fehlerquote des Tests gerade bei geringer Prävalenz in der Bevölkerung kann man sich wirklich eine »Dauerwelle« ertesten. Es geht um Nichtüberlastung des Gesundheitssystems und vernünftigen Schutz der Risikogruppen, nicht ein Starren auf die reinen Infiziertenzahlen. Was es jetzt wirklich bräuchte? Politiker, die von diesem »Testen, Testen, Testen«-Trip runterkommen und endlich einen Maßnahmen-Paradigmenwechsel machen. Wie wichtig der wäre, zeigt sich auch an den völlig überzogenen Quarantäneregeln für Kontaktpersonen: Ein »Musterbeispiel« der Fall des zweijährigen Buben, über den die TT heute berichtet: Weil eine (!) Betreuungsperson in seiner Kinderbetreuungseinrichtung positiv getestet (!, erstmal sonst nix) wurde, kommt der Knirps in Quarantäne, ein Schicksal, das er mit derzeit 2.000 (!) Tirolern teilt. Geht's noch?

Mit freundlichen Grüßen

An die TT, 28.09.20:
Zu: Freiwillige Covid-Tests für Landtagspolitiker
Da würde ich doch nur zu gerne mal wissen, wie viele das dann tatsächlich in Anspruch nehmen bzw. wie viele bisher das schon bei der von der Landesregierung angebotenen Variante gemacht haben. Wie sieht es denn wirklich aus mit der Vorbildfunktion unserer Volksvertreter?

Mit freundlichen Grüßen

An die TT, 29.09.20:
Zu: Plansee sperrt 70 Mitarbeiter aus
Auch wenn ich persönlich von solchen Massenhochzeiten auch in »normalen« Zeiten nicht viel halte, so

langsam sollten wir uns schon mal überlegen, ob wir den eingeschlagenen Weg weitergehen sollten – sowohl unter gesellschaftspolitischen als auch gesundheitlichen Aspekten: »An so einer Feier teilzunehmen, ist moralisch verwerflich«. Jetzt wird also tatsächlich schon die Moralkeule geschwungen. Da fehlen einem wirklich die Worte. Statt dass wir mal innehalten würden und uns – was leider immer noch nicht passiert – über die Absurdität zahlreicher Maßnahmen (NB: nicht aller) zu unterhalten. Ja, es gibt Cluster positiver Tests nach Veranstaltungen – aber was waren und sind denn die tatsächlichen Folgen? Überwiegend Symptomfreie wandern für 2 Wochen in Quarantäne. Moralisch verwerflich? Fangt lieber mal an, über die Verhältnismäßigkeit und vor allem die Zielgerichtetheit der Maßnahmen nachzudenken.

Mit freundlichen Grüßen

An die TT, 30.09.20:
Zu: Ist das der Dank, dass wir so diszipliniert sind
In diesem Artikel wirft am Ende der Imster Bürgermeister die Frage auf, was denn die Alternative zu Maßnahmen wie Mund-Nasen-Schutz und Vorverlegung der Sperrstunde wäre. Eine für ihn offensichtlich rhetorische Frage – allein, das ist sie nicht: Wir sollten uns endlich fragen, ob wir auf dem richtigen Pfad und mit den richtigen Schritten unterwegs sind. Macht es wirklich Sinn, jetzt als Maß aller Dinge die positiv Getesteten zu nehmen? Begründung für die Maßnahmen war am Anfang, eine Überlastung des Krankenhaussystems zu vermeiden. Mir scheint, je erfolgreicher wir

eigentlich im Umgang mit dem Virus werden, desto absurder werden die Bezugsgrößen, mit denen man die Maßnahmen rechtfertigt.

Mit freundlichen Grüßen

An die PNP, 30.09.20:

Zu: Neue Corona-Regeln beschlossen

Laut Frau Merkel könne es also bis Weihnachten bis zu 20.000 Neuinfektionen pro Tag geben. Wie kommt die Frau bitte auf so ein Szenario? Ich dachte immer, Naturwissenschaftler könnten rechnen. Und vor allem: Was sagt so eine Zahl überhaupt aus, wenn man nicht gleichzeitig sagt, wie viele Tests man dann zu machen gedenkt? Ja, die Quote der positiv Getesteten (infiziert trifft die Sache angesichts der Fehlerquoten des Tests bei falsch Positiven wahrlich nur teilweise) ist in der KW 38 gestiegen – auf gigantische 1,19 %. Rechtfertigt das diese Maßnahmen? Und vor allem: Sind sie wirklich zielgerichtet? In der KW 14 im März (mit 9,03 % die mit der höchsten Quote an positiven Tests) gab es übrigens in einer ganzen Woche (!) 36.885 positiv Getestete. Woran mich dieser Wahnsinn erinnert? Vielleicht sollte man Dürrenmatts »Die Physiker« so langsam in »Die Physikerin« umbenennen; eine 1a-Besetzung für die Rolle der Mathilde von Zahnd hätten wir schon mal.

Mit freundlichen Grüßen

An die TT, 01.10.20:

Zu: Bayern bei Reisewarnung hart

Ich finde es schon sehr interessant, dass Herr Platter kritisiert, »dass Reisewarnungen lediglich auf die Inzidenzzahlen abstellen und andere Faktoren wie Testungsquote und Bettenbelegungsquote außer Acht lassen«. Damit hat er natürlich recht, allein: Seine Parteikollegen in der Bundesregierung betreiben doch im Umgang mit den Corona-Zahlen das gleiche fehlerhafte und faule Spiel: Wer dem eigenen Volk ständig nur die absolute Zahl der »bestätigten Fälle« (vulgo: der positiv Getesteten) um die Ohren haut, ist doch keinen Deut besser als Herr Söder.

Mit freundlichen Grüßen

An die TT, 02.10.20:

Zu: Harisch präzisiert den Lockdown-Ruf

Die Logik hat seit Corona ja von Anfang an einen schweren Stand, den Vogel schießt aber jetzt Tourismus-Unternehmer Christian Harisch ab: Es sollen also nur Restaurants, Kinos, Bars und dergleichen in einen Lockdown gehen, »weil die frühe Sperrstunde wohl zu wenig Wirkung zeigen werde (man beachte schon mal das »wohl« und das Futur = nix ist fix, aber man fährt schon mal die schwersten Geschütze auf), weil viele privat weiterfeiern würden«. Das mag sogar so sein, nur: Nach dieser »Logik« müssten die Leute dann weniger privat feiern, je mehr man ihnen zusperrt. Finde den Fehler.

Mit freundlichen Grüßen

An die TT, 02.10.20:

Zu: Globale Krise ist nicht mit Kleinstaaterei zu bekämpfen

Sehr richtig, aber warum betreibt man sie dann weiter? Es brauche also eine »Objektivierung« des Instruments der Reisewarnung, sagen die Euregio-Landeshauptleute, das Instrument der Reisewarnung stelle man aber nicht in Frage. Wieso eigentlich nicht? An diesem Beispiel zeigt sich mal wieder die Crux so vieler Corona-Maßnahmen: Es gibt einige offensichtlich unverrückbare Dinge, an denen man grundsätzlich nicht rüttelt, so unsinnig sie auch sein mögen.

Mit freundlichen Grüßen

An die TT, 03.10.20:
Zu: 33 Fälle im Seniorenheim
Wir testen alles und jeden, der nicht bei 3 auf dem Baum ist, aber über 7 Monate nach Ausrufung dieser Pandemie »gelingt« es uns, 33 Fälle in einem Seniorenheim zu produzieren? »Wir müssen die Risikogruppen schützen« – war das nicht eines der Mantren? Funktioniert ja hervorragend mit den gewählten Maßnahmen (Ironie off).

Mit freundlichen Grüßen

An die TT, 03.10.20:
Zum Leserbrief »Wo blieben Hausverstand und Eigenverantwortung im Sommer?«
Nachdem nun zweimal innerhalb kurzer Zeit Leserbriefe mit dem Hinweis, dass sich deutsche Besucher im Sommer über die Laxheit im Umgang mit Corona gewundert hätten und wir das jetzt mit höheren Zahlen büßten, erschienen sind, möchte ich eine Gegensicht einbringen: Meine deutschen Bekannten waren im Sommer sehr froh und haben es sehr genossen, die

Tage zumindest etwas entspannter verbringen und im wahrsten Sinn des Wortes öfter »durchschnaufen« zu können. Und ein Rückschluss von damals auf die heutigen Zahlen verbietet sich schon durch einen Blick auf die Inkubationszeit: Ober seit wann kann die zwei Monate und mehr betragen?

Mit freundlichen Grüßen

An die TT, 04.10.20:

Zu: Rekordanstieg in Tirol

1.058 neu positiv Getestete innerhalb von 24 Stunden also? So war es auch – für den Stand 03.10., 9.30 Uhr – im Teletext der ORF zu lesen. Also sicherlich zu diesem Zeitpunkt ein korrekter Differenzwert. Nur: Auch eine scheinbar so »absolute« Zahl kann sich kurze Zeit später schon wieder ganz anders darstellen: Ein Vergleich der Werte vom 02.10. mit den Werten vom 03.10., aber Stand 15.00 Uhr (Quelle: www.sozialministerium.at) ergibt nämlich Folgendes: bestätigte Fälle 02.10., 15.00 Uhr: 47.031, bestätigte Fälle 03.10., 15.00 Uhr: 47.861. Macht nach Adam Riese einen Neuanstieg innerhalb DIESER 24 h von 830 Fällen. Vielleicht sollten wir uns – statt täglich eine andere »Zahlensau« durchs Dorf zu treiben – mit ein paar Prämissen wie »es gibt keine Impfung«, »Abstand halten und Händewaschen hilft«, »die große Mehrheit hat keine oder milde Symptome« einfach mal auf die Behandlung der symptomatischen Fälle konzentrieren? Wenn ich denke, wie viel Zeit und Geld inzwischen für das Testen und Aufspüren Symptomfreier geflossen ist (»dank« Kontaktpersonenquarantäne mit ziemlich üblen Folgen für die Leute, insbesondere die Kinder, und ja, auch die Wirtschaft): Wäre all das nicht besser in das Thema »Behandlung der Symptome« geflossen?

Mit freundlichen Grüßen

An die tz, 07.10.20:

Zu: WHO: Jeder zehnte Mensch infiziert (von Di, 06.10.)

Eine klitzekleine Meldung auf S. 2 unten, die eigentlich auf die S. 1 gehört – und zwar oberhalb der Kante: Laut WHO könnte sich also jeder 10. Mensch weltweit bereits mit dem Coronavirus infiziert haben. Warum macht das keine Schlagzeilen? Dann rechnen wir doch mal: Weltbevölkerung mehr als 7,8 Milliarden, davon 10 % macht nach unten gerundet 780.000.000. Bestätigte Todesfälle (Stand 06.10.) 1.039.406. Macht eine Mortalitätsrate von 0,133 %. Und ja, natürlich gibt es auch bei den Todesfällen eine Dunkelziffer – die dürfte aber durch die absurde Regelung, jeden Infizierten mit anderer Todesursache als Coronatoten zu zählen, mehr als kompensiert sein.

Mit freundlichen Grüßen

An die TT, 07.10.20:

Zu: Covid-Zahlen auf Höchstwert

Mal abgesehen davon, dass es schon einen schalen Beigeschmack hat, »dass Gesundungen erst mit Verzögerung eingetragen werden«, wenn das bisher offensichtlich schneller ging: Bin ich eigentlich die Einzige, die sich wundert, dass die Politik alle paar Tage neue Eckpfeiler hat, die plötzlich das alles entscheidende Maß aller Dinge sind, um die Drohkulisse weiter aufrecht zu erhalten? Als da waren bzw. sind: »Wir dürfen das Gesundheitssystem nicht überlasten«, »Wir müssen die Risikogruppen schützen« (und unterschwellig: ohne Lockdown und ohne absolute Kontaktsperre nicht möglich), »der R-Wert muss unbedingt unter 1 sein« (schon lange nichts mehr gehört von ihm), »Wir haben zu viele neue Fälle«. Und weil das angesichts geringer Todesraten (ja, Leute sterben, das tun sie übrigens auch an anderen Infektionskrankheiten) und geringer Hospitalisierung nicht reicht – und sich zumindest so langsam rumspricht, dass positiv getestet nicht infiziert und schon gar nicht krank heißt, weil der Test wirklich ein Witz ist, wechselt man jetzt von den neuen täglichen Fällen flugs zur Gesamtzahl der »aktiven Fälle«. Was bitte ist die Gesamtzahl der aktiven Fälle? Wir haben derzeit 525 Hospitalisierte, davon 100 auf Intensiv. Wer bitte ist der Rest (der bei über 9.000 Fällen eben nicht der Rest ist?)? Die Tausende, die symptomfrei 14 Tage als Kontaktpersonen in Quarantäne hocken?

Mit freundlichen Grüßen

An die TT, 08.10.20:
Zu: 853 Tiroler Schüler in Quarantäne
853 Schüler in Quarantäne, davon 170 positiv getestet. D.h. 683 sitzen dort als was – noch nicht mal positiv getestete Kontaktperson K1? Dieser Quarantänewahnsinn, insbesondere für Kinder, muss endlich aufhören. Der Schaden ist doch viel größer als der potenzielle Nutzen. Und eine Nebenbemerkung: Wie schnell wir

ausgerechnet in Zeiten der sog. »political correctness« im Zuge dieser Krankheit in einen ganz üblen Sprachduktus gefallen sind, ist schon erstaunlich: »Absonderungsbescheid« – mal einfach kurz drüber nachdenken. Und es gäbe noch andere Beispiele.

Mit freundlichen Grüßen

An die TT, 09.10.20:

Zu: Corona hat die Inntalfurche im Griff

Corona hat die Inntalfurche im Griff? Nein, eine Politik, die aus Angst vor einem Gesichtsverlust den eingeschlagenen Weg nicht mehr verlassen kann, hat sie und das ganze Land im Griff: 2.000 Tiroler in Quarantäne, davon weniger als die Hälfte positiv getestet. Geht's noch? Diese Kontaktpersonenquarantäne muss endlich ein Ende haben. Wozu bitte – außer, um das Land endgültig an die Wand zu fahren? Und bei den weniger als die Hälfte positiv Getesteten sollten wir nicht die Fehlerquote der Tests vergessen. Ergo: Innehalten, Maßnahmen (und den Test) ergebnisoffen und zielgerichtet bewerten und neu justieren. Beim wirklichen Risikogruppenschutz gäbe es z.B. noch etliches zu tun, wie die neuen Fälle im Pflegeheim in Saggen zeigen. Aber ob die Politik so viel Rückgrat hat? Ich bezweifle es.

Mit freundlichen Grüßen

An die tz, 09.10.20:

Zu: »4.000 Neuinfizierte« und »Infektionszahlen steigen sprunghaft«

Nein, die Infektionszahlen steigen nicht – bzw. evtl.

tun sie das auch, aber: Die 4.000 sind erstmal keine Infizierten, sondern positiv Getestete. Positiv getestet ist nicht zwangsläufig infiziert und infiziert ist noch lange nicht ansteckend oder krank. Die Fehlerquote des PCR-Tests ist bezüglich falsch positiver Tests gerade dann exorbitant hoch, wenn die tatsächliche Prävalenz des Virus niedrig ist. Es ist eben keine »fake news«, dass man sich so eine Welle auch herbeitesten oder sie zumindest auf ewig am Laufen halten kann: https://www.aerzteblatt.de/archiv/214370/PCR-Tests-auf-SARS-CoV-2-Ergebnisse-richtig-interpretieren

Mit freundlichen Grüßen

An die tz, 10.10.20:

Zu: Merkels Regeln für die Metropolen

»MERKELs« Regeln für die Metropolen« – kürzer und prägnanter kann man den Zustand des politischen Systems in diesem Lande wahrlich nicht zusammenfassen. Deutschland 2050: Kinder, es gab einmal ein Parlament, eure Großeltern erinnern sich noch.

Mit freundlichen Grüßen

An die TT, 10.10.20:

Zu: »Ich will diese Schublade nicht öffnen«

Herr Anschober hat also verschiedene Maßnahmen in der Schublade, kann und will diese Schublade aber nicht öffnen. Wenn er diese Schublade nicht öffnen kann, frage ich mich, wer ihn daran hindert. Würde mich eine Antwort auf diese Frage beruhigen? Wahrscheinlich nicht. Wenn er diese Schublade nicht öffnen will, frage ich mich, was er eigentlich für ein Bild von dem Volk hat, dem er dient (oder das zumindest sollte). Würde mich eine Antwort auf diese Frage beruhigen? Wahrscheinlich nicht. Aber, Herr Anschober, um es auch nochmal für Sie verständlich zu machen: Das Problem ist nicht der Inhalt der Schublade ...

An die TT, 11.10.20:
Zu: Schon 44.000 Corona-Strafen
Untertitel zu der Schlagzeile: »In Europa gibt es erstmals über 100.000 Covid-Neuinfektionen am Tag«. Nein, die gibt es eben nicht, es gibt 100.000 positiv Getestete, das ist angesichts der »Qualität« dieses Tests ein Riesenunterschied. Diese Zahl wird aber, so steht zu befürchten, der Politik als Anlass zu einer weiteren Verschärfung der Maßnahmen dienen, womöglich mit so unsinnigen Vorschriften wie einer Maskenpflicht oder gar einem zweiten Lockdown. Es wird also wohl das, womit man schon »Erfahrung« hat, weiter auf die Spitze getrieben. Allein, welche Erfahrungen hat man denn damit wirklich gemacht? Die Zahlen gingen im März schon vor dem Lockdown runter. Haben sich die Zahlen seit der Wiederverschärfung der Maskenpflicht gebessert? Nein. Warum sehen wir uns nicht mal die anderen Maßnahmen an? Als nach dem Lockdown wiedereröffnet wurde, wurde überall desinfiziert, als gäbe es dafür Medaillen. Wie lange war das der Fall? Eine Woche, maximal zwei Wochen? Detto Thema Abstand: Warum ist der unsägliche »Babyelephant« nur noch 1 Meter lang? Warum stehen die Tische fast überall wieder wie in Vor-Corona-Zeiten? Her wieder ein bisschen mehr zu machen, brächte mehr als immer

neue Daumenschrauben anzuziehen (die zudem beim Risikogruppenschutz sowieso nicht helfen, siehe Saggen und ähnliche Fälle).

Mit freundlichen Grüßen

An die TT, 11.10.20:

Zu: Rekord in Österreich, über 900 Fälle in Tirol

Herr Anschober weist auf steigende Fälle in Seniorenheimen hin. Und was wird er demnächst damit begründen? Ein Weiterfahren der Strategie des wahllosen Testens symptomfreier Personen? Neue Schulschließungen? Womöglich einen zweiten Lockdown? Das alles wird keinen einzigen Fall in irgendeinem Seniorenheim verhindern, aber dieses Land endgültig an die Wand fahren. Was es braucht, ist endlich das, was es – europaweit übrigens – von Anfang an gebraucht hätte: Eine andere Strategie, die sich von Beginn an darauf hätte konzentrieren müssen, die Risikogruppen wirklich zu schützen – mit besserer Schutzausrüstung und täglichen Tests dort, wo sie wirklich Sinn machen. Aber es scheint fast so, als hätte gerade an diesem zielgerichteten Risikogruppenschutz niemand Interesse. Aber es ist höchste Zeit, statt des nächsten »Maßnahmenhammers« endlich das Skalpell in die Hand zu nehmen.

Mit freundlichen Grüßen

An die TT, 13.10.20:

Zu: »Weitere positive Fälle in Wohnheimen« und »Kinder kein Risikofaktor«

Diese beiden Artikel in Zusammenschau rufen geradezu nach einem Paradigmenwechsel im Umgang mit dem Coronavirus: Kinder sind kein Risikofaktor – und die Infektionsquoten in Schulen und Kindergärten minimal. Dennoch sind dort Kontaktpersonenquarantänen an der Tagesordnung. Was tun wir unseren Kindern eigentlich an? Daneben der Bericht über positive Fälle in Pflegeeinrichtungen – und man fragt sich: Wie geht das – jetzt noch? Wo ist der zielgerichtete, wirklich wirksame Risikogruppenschutz, den die Politik seit März im Munde führt? Hat man daran tatsächlich Interesse? Es wäre Zeit, den Maßnahmenkatalog mal zu evaluieren – genug gelernt sollen wir inzwischen haben.

Mit freundlichen Grüßen

An die tz, 13.10.20:

Zu: Coronavirus kann 28 Tage überleben

Das ist ja mal wieder eine Hammerschlagzeile. »Studie belegt« dann auch noch in der Unterüberschrift. Wie viele sich da wohl schon zu Tode gefürchtet haben, ehe sie überhaupt zum Ende des Artikels kommen? Den sollte man aber nicht ungelesen lassen: »Das Experiment wurde im Dunkeln durchgeführt, da direktes Sonnenlicht das Virus schnell abtöten kann«. Auf zu einer neuen Panikrunde – schließlich haben wir derzeit in Europa eine durchgehende Sonnenfinsternis. Was, haben wir gar nicht? Oh, da bleibt dann wohl doch nur der Spruch mit dem Herrn und dem Hirn und dem regnen lassen.

Mit freundlichen Grüßen

An die tz, 13.10.20:

Zu: »Schluss mit lustig«

Der Schul- und Kita-Betrieb ist also »vorerst« nicht betroffen. Warum sollte er bitte überhaupt nochmal betroffen sein? Die Risiken dort sind ja wohl minimal, aber – nach allem, was wir den Kindern in dieser Zeit eh schon angetan haben – sind Schließungen immer noch nicht endgültig vom Tisch? Bitte mal endlich die getroffenen Maßnahmen evaluieren – und am besten diesen 50-auf-100.000-Inzidenzwert gleich mit. Wurde der eigentlich erst für Corona »erfunden« oder gibt es den schon länger? Und wenn letzteres: Ist die Krankheit, für die man ihn eingeführt hat, überhaupt mit Corona vergleichbar? Oder womöglich ansteckender, sodass der Grenzwert wirklich höher sein könnte?

Mit freundlichen Grüßen

An die TT, 15.10.20:

Zu: Urlauber müssen in Quarantäne

Urlauber, die aus Risikogebieten nach Deutschland zurückkommen, müssen also ab November zwingend 5 Tage in Quarantäne und können das nicht durch einen negativen Coronatest vermeiden. Warum nicht? Ist das »goldene Kalb« des Jahres 2020, der PCR-Test, womöglich doch nicht so zuverlässig wie kommuniziert? Oder ist das inzwischen völlig egal – Hauptsache, wir haben uns mal wieder was Neues ausgedacht?

Mit freundlichen Grüßen

An die TT, 15.10.20:

Zu: Acht Patienten auf der Intensivstation

Gegen Ende des Berichts findet sich eine interessante Zahl – ein internationales Forscherteam hat also die Übersterblichkeit in 21 Ländern zwischen Mitte Februar und Ende Mai untersucht – und kommt auf die stattliche Zahl von 206.000 Personen. Aber Halt, Moment mal, 21 Länder, nicht nur eines. Natürlich sind die nicht alle gleich groß, aber lasst uns doch der einfacheren Rechnung wegen mal annehmen, dass das so sei. Macht – großzügig aufgerundet – 9.900 Personen pro Land im Schnitt. Halt, Moment mal, zwischen Mitte Februar und Ende Mai, also nicht nur in einem Monat, sondern in 3,5. Werden Übersterblichkeiten sonst nicht pro Monat erfasst? Aha, pro Monat also – nochmal großzügig aufgerundet – 2.900. Die zusätzlichen Todesfälle waren auf Covid-19, eine schlechtere medizinische Versorgung und häusliche Gewalt zurückzuführen. Ok, wenn man das jetzt drittelt, ist es sehr grob gerechnet, aber auf die Schnelle: Macht eine Übersterblichkeit von 967, zurückzuführen auf Covid. Sieht schon mal nicht mehr so bedrohlich aus wie die aufsummierten 206.000. Wenn man jetzt noch berücksichtigt, dass positiv Getestete mit anderen Todesursachen als Corona-Tote gezählt werden, bleibt noch wie viel übrig? Darüber will ich gar nicht spekulieren, da diese Unterscheidung ja von Anfang an niemanden interessiert hat. Aber viel entscheidender: Ob nun 206.000 in 21 Ländern über 3,5 Monate oder 967 in einem pro Monat; es fehlt mal wieder jegliche Relation: Ist das eine Schwankung in einer Größenordnung, wie sie auch bisher bekannte Viruserkrankungen wie die Grippe hervorgerufen haben oder ist das tatsächlich exorbitant? Wir wissen es nicht, denn das Ganze leidet mal wieder am Coronavirus-Phänomen schlechthin: der absoluten Zahl ohne Vergleich zu früheren Jahren.

Mit freundlichen Grüßen

An die Abendzeitung (AZ), 15.10.20:

Zu: So wenden wir das Unheil nicht ab

Frau Merkel sind also die Ansagen nicht hart genug, »um das Unheil abzuwenden«. Bei aller Tragik jedes einzelnen Todesfalls: Diese Wortwahl sollte man wirklich mal sacken lassen. Worum geht es hier eigentlich? Um die (hoffentlich) rationale Bekämpfung einer Infektionskrankheit, der inzwischen sogar nach Ansicht der WHO – mit regionalen Schwankungen – rund 10 % der Weltbevölkerung ausgesetzt waren, was auf eine sehr viel geringere Mortalitätsrate schließen lässt als gemeinhin verbreitet? Oder um den Tanz um das goldene Kalb des Jahres 2020 mit dem Ziel, möglichst viel Angst und Schrecken zu verbreiten?

An die TT, 16.10.20:

Zu: Contact-Tracing, wie lange noch?

Das sollte man sich angesichts der Entwicklung schon lange fragen: Der Artikel »Tirol verschärft Corona-Regeln« beginnt mit »Um der neuerlichen, massiven Verbreitung der Coronavirus Herr zu werden«. Mal abgesehen davon, dass positiv getestet nicht zwangsläufig infiziert heißt: Muss das wirklich – angesichts der Tatsache, dass der größte Teil der Fälle keine oder nur geringe Symptome zeigt – das Ziel sein? Zumal die Erfolge der massiven Einschränkungen vielfältiger Art letztlich doch bescheiden zu sein scheinen. Mir fehlt im Umgang mit dieser Krankheit bei vielen Maßnahmen von Anfang an eine ehrliche Antwort auf die Frage »Nutzt es mehr als es schadet?«. Und die Antwort darauf darf nicht nur Corona im Auge haben – sonst ist dieses Leben nämlich kein Leben mehr, jedenfalls kein lebenswertes. Wie viel Energie und Ressourcen wurden denn bisher weltweit verpulvert, auch noch die letzte – häufig dann nicht nur symptomfreie, sondern sogar »negative« Kontaktperson irgendeines Falls zu finden? Wenn es wirklich um Risikogruppenschutz geht, warum setzt man die Maßnahmen nicht nur dort an? Und wenn man das ganze Geld, das man bisher in Contact-Tracing und wahlloses Testen gesteckt hat, in das Thema »Behandlung der Krankheit« gesteckt hätte, wären wir damit dann nicht schon weiter, und das ganz ohne »Kollateralschäden« – die schon längst viel mehr sind als das?

Mit freundlichen Grüßen

An die TT, 16.10.20:
Zu: Die zweite Welle kam nicht überraschend
Nein, das kam sie nicht – es ist Herbst, und damit die Zeit der Infektionen. Die Frage ist allerdings, welche Schlüsse man daraus zieht. Laut Frau Starck sollten endlich alle ruhig sein, die nicht einmal bereit waren, »softe Coronamaßnahmen wie Mund-Nasen-Schutz oder Distanzhalten mitzutragen«. Mal abgesehen da-

von, dass mich als jemand, der das zweite gerne tut, das erstere allerdings für völlig übertrieben und an den falschen Stellen eingesetzt hält, der Zweiklang, der da trotz des »oder« anklingt, stört: Dann können Sie fast ganz Tirol (und übrigens auch die Bundesregierung) ans Kreuz nageln: Wann hat es denn mit dem Distanzhalten am besten funktioniert? Zugegeben subjektiver Eindruck: In den zwei Wochen vor dem Lockdown, nicht mehr so richtig aber mit der Einführung der Maskenpflicht und erst recht nicht mehr, seit von der Regierung der Babyelefant auf einen Meter geschrumpft wurde. Ein positiver Effekt der Masken? Bei Einführung der Maskenpflicht: Fehlanzeige. Seit der Wiedereinführung der Maskenpflicht: erst recht Fehlanzeige. Warum sollte man also jede Maßnahme »ruhig« schlucken? Wie wäre es denn mit einer ernsthaften Evaluation der Maßnahmen, ohne immer gleich alles (und alle) in einen Topf zu werfen? Wer die Maske ablehnt, kann durchaus was für einen – größeren – Babyelefant über haben.

Mit freundlichen Grüßen

An die tz, 16.10.20:
Zu: So reagieren Stadträte und Wirte
Laut Frau Habenschaden müsse man jetzt entschlossen handeln, »um Schulschließungen zu verhindern«. Warum bitte tauchen ausgerechnet immer die Schulschließungen als Menetekel auf? Es gibt überhaupt keinen Grund, diesen Unfug (das war er schon beim ersten Mal) ein weiteres Mal aufzulegen: Kinder und Jugendliche sind im Regelfall keine Risikogruppe und

sie sind (anders als bei der »normalen« Influenza) auch keine hauptsächlichen Verbreiter. Was den Betrieb potenziell lahmlegt, sind doch viel eher die völlig überzogenen Kontaktpersonenquarantänen. Von denen man sich im Übrigen – wie auch von den Schließungsmenetekeln jeglicher Art – sehr schnell verabschieden könnte, wenn man die bisherige Strategie des Contact Tracing und des Containment endlich durch die – von Anfang an sinnvollere – des Mitigating ersetzen würde.

Mit freundlichen Grüßen

An die tz, 17.10.20:

Zu: Erste Kreise verordnen Schule daheim

»In Bayern schnellen die Corona-Infektionszahlen nach oben«. Nein, was nach oben schnellt, sind erstmal die Zahlen der positiv Getesteten. Ob jemand infiziert ist, gar ansteckend oder krank, ist nochmal ein ganz anderes Paar Stiefel. Richtig »krank« wird es dann aber, wenn man weiterliest: Es wird also schon wieder Schule zu Hause verordnet. Hieß es nicht vor ein paar Wochen, das sei das letzte, was man wolle? Und jetzt fällt euch sofort nichts Besseres ein als das? Kinder und Jugendliche gehören weder zur Risikogruppe noch sind sie besondere »Treiber« dieser Krankheit. Und das erste, was wir wieder machen, ist Schulen zu – und Massentests? In einem Gymnasium in Schweinfurt gibt es 12 Fälle in 6 Klassen? Dann schickt die im Schnitt 2 pro Klasse nach Hause und gut ist. Stattdessen werden jetzt 1.000 Symptomlose getestet. Nur mal als Prozentzahl: Das sind rund 8.333

Prozent mehr an Getesteten als es Fälle hat. Und natürlich wird man was finden – und massenweise symptomfreie Leute 14 Tage aus dem Alltag nehmen. Hört endlich auf mit diesem Wahnsinn und kümmert euch um gezielten Risikoschutz. Und darum, statt Millionen für Testkits und Tracing auszugeben, das Geld in die Erforschung der Behandlung der Krankheit zu stecken. Neudeutsch: Macht endlich die Wende von – seit Anbeginn sinnlosem – Containment hin zu Mitigating.

Mit freundlichen Grüßen

An die TT, 17.10.20:

Zum Leitartikel »Nur ein kleiner Hoffnungsschimmer«

Weniger Infektionen und umfassende Sicherheitskonzepte sind also »alternativlos«. Bei diesem, leider aus der deutschen Politik herübergeschwappten, Wort sollten alle Alarmglocken klingeln, denn sobald es fällt, gilt vor allem eines: Diskussionsverbot. Und wer das doch noch tut, landet ganz schnell in der staatsfeindlichen, zumindest aber egoistischen Ecke. Ein weiterer Kollateralschaden von Corona? Und mal abgesehen davon: Alternativen gibt es immer – ob sie denn dann gute sind, darüber kann – und sollte – man diskutieren. Bei dieser Erkrankung z.B. darüber, ob man nicht tatsächlich mit den positiv Getesteten und den Infektionen leben muss – und ja, auch mit Todesfällen, so wie bei anderen Infektionskrankheiten auch.

Mit freundlichen Grüßen

An die TT, 18.10.20:

Zu: Schallenberg ohne Symptome daheim

Interessant, gilt das für alle, dass man, wenn die positiv getestete Person, mit der man direkten Kontakt hatte, Maske trug (Echt jetzt, immer, Herr Schallenberg?), dann »nur« K2 ist? Ansonsten hoffe ich wirklich, dass die ganzen symptomlosen Politiker in Quarantäne – wenn sie es am eigenen Leib erleben – mal darüber nachdenken, ob das eine wirklich sinnvolle Maßnahme ist.

Mit freundlichen Grüßen

An die TT, 18.10.20:

Zu: »Europaweit Rekorde und Verschärfungen« und »Alles rund um Corona«

Weltweit haben sich also »nachweislich« 39,29 Millionen mit dem Coronavirus angesteckt. Nein, das haben sie nicht – jedenfalls nicht alle: Sie wurden positiv getestet. 1,1 Millionen sind an oder mit dem Virus gestorben. Nota bene: an oder mit. Wieso interessiert diese Unterscheidung seit Aufkommen dieser Erkrankung niemanden? Ließen sich – wenn man wirklich wüsste, wie viele tatsächlich daran gestorben sind – nicht vielleicht bessere Schlüsse für die Behandlung und den Umgang mit dieser Krankheit finden? Und wenn man hier schon wieder die Rekordzahlen durchs Dorf treibt: Warum machen die 10 % der Weltbevölkerung, die laut WHO-Schätzungen (Session 1 bei ca. 1:01:33 https://www.who.int/news-room/events/detail/2020/10/05/default-calendar/executive-board-special-session-on-the-covid19-response) schon mit dem Virus infiziert worden seien (das sind ergo rund 780.000.000 Menschen) keine Schlagzeilen? Weil es nur ein »estimate« ist? Da sind Todesraten, die »an« und »mit« in einen Topf werfen, auch nicht genauer. Weil damit die Mortalitätsrate sehr viel geringer anzusetzen ist als gemeinhin kommuniziert?

Mit freundlichen Grüßen

An die TT, 19.10.20:

Zu: Sterblichkeitsrate niedriger als erwartet

Die Sterblichkeitsrate bei Corona ist also laut einer Studie des Stanford-Professors Ioannidis geringer als erwartet. Mal abgesehen davon, ob die vorgeblich neutrale Wissenschaft überhaupt ein Ergebnis »erwarten« sollte: Das wäre jetzt mal eine Gelegenheit, die wenig zielführende, aber mit zahlreichen sonstigen Schäden einhergehende Containment-Strategie endlich an den Nagel zu hängen und den Fokus wirklich und ernsthaft auf den Risikogruppenschutz zu legen. Die Frage ist aber (Excuse my French): Werden die Politiker so viel A ... in der Hose haben, um das zu tun?

Mit freundlichen Grüßen

An die TT, 20.10.20:

Zu: Rot-weiß-roter Kraftakt nötig

Der Hinweis, dass die Corona-Infektionszahlen österreichweit steigen, ist – wie so vieles in dieser Krise – mal wieder nicht so eindeutig wie es auf den ersten Blick scheint: Zunächst mal steigen die positiven Tests. Und bei denen wäre es interessant, mal was über den jeweiligen Ct-Wert zu erfahren: Ist der in jedem Labor gleich, wird er überhaupt übermittelt, um zwischen Leuten, die auch tatsächlich ansteckend sind, und solchen, die zwar positiv, aber aufgrund der geringen Virusmenge nicht ansteckend sind, zu unterscheiden? Sind die Intensivbetten mit an Covid-19 Erkrankten belegt – oder mit positiv getesteten Intensivpatienten, die wegen einer anderen Erkrankung sowieso auf Intensiv wären? Ein Präventionskonzept für Restaurants ab 50 Sitzplätzen? Wozu bitte, außer um dem letzten Gasthaus den Garaus zu machen? Waren das wirklich die Verbreitungsherde der letzten Wochen? Und last but not least Maßnahmen zum Schutz der vulnerablen Gruppen in den Altenheimen. Schön, dass daran auch mal wieder jemand denkt, wo das doch vorgeblich der Punkt aller Maßnahmen sein sollte. Ergo: Warum erst jetzt – und reichen die? Wir sind immer noch viel zu sehr mit dem Rasenmäher statt zielgenau mit dem Skalpell unterwegs.

Mit freundlichen Grüßen

An die TT, 21.10.20:

Zu: Tirolrekord bei neuen Infektionen
»Tirolrekord bei neuen Infektionen«- mag – auch – richtig sein, falls man es denn feststellen könnte und würde. Was es ist, wird immerhin noch in der Unterüberschrift genannt: ein Rekord an positiv Getesteten. Warum also nicht das, was – einziger – Fakt ist, in der Überschrift? Und es wäre schön, wenn sich mal jemand mit dem Ct-Wert der Tests befassen würde. Ein bisschen journalistische Neugier würde in Zeiten wie diesen nicht schaden. Übrigens auch zum Thema »Influenza«. Gab es die letztes Jahr – oder ist sie aus-

gefallen? Und v.a. fällt sie heuer aus – und wenn ja, woran liegt's?

Mit freundlichen Grüßen

An die TT, 22.10.20:
Zu: Derzeit kein Engpass bei Spitalsbetten
Testpflicht für Berufspendler? Danke, Herr Söder, dass ich mich mit 56 Jahren noch beim AMS melden darf. Ich werde mich nämlich sicherlich nicht – als Kritiker der Alles-und-jeden-testen-Strategie – Ihren Wünschen unterwerfen. Zumal auch hier mal wieder die Evidenz der Sinnhaftigkeit fehlt. Letztlich ist das ja so was Ähnliches wie die Testpflicht für Reiserückkehrer: Von denen hört man erstaunlich wenig, nachdem man im Sommer diese »Paniksau« durchs Dorf trieb. Weil jetzt keine Ferienzeit ist? Mag sein, vor allem aber, weil die – noch nicht mal exakt erhobenen – Zahlen in den Testzentren für Reiserückkehrer schon im Sommer keine signifikanten Unterschiede zur allgemeinen Positivenrate ergaben – im Gegenteil, die lagen meist sogar darunter.

Mit freundlichen Grüßen

An die TT, 22.10.20:
Zu: Kritik an Klinikdienst trotz Quarantäne
Es wird also kritisiert, dass Kontaktpersonen von positiv getesteten Menschen in Kliniken weiterarbeiten. Wird nicht anders rum viel eher ein Schuh draus (der dann auch den erwähnten »gesunden, weggesperrten Kindern« helfen würde): Hört endlich auf mit dieser komplett überzogenen Kontaktpersonenquarantäne.

Mit freundlichen Grüßen

An die TT, 23.10.20:

Zu: 5 rote Bezirke in Tirol

Es wird also immer roter? Und das, obwohl wir die Maßnahmen immer wieder verschärfen? Natürlich kann man jetzt sagen: »ohne wäre es noch schlimmer«. Allein: Lässt sich das wirklich beweisen? Setzen wir vielleicht doch auf die falschen Maßnahmen? Vielleicht ist die Maske, seit deren Wiedereinführung die Zahlen gestiegen sind, zwar wirksam gegen Tröpfchenverschleudern (tun wir das überhaupt im Regelfall in kritischen Mengen? Beim reinen Atmen ja wohl eher nicht), schwächt uns aber doch anderweitig? Warum spielt das Abstandhalten, das wir Anfang März so diszipliniert (und ganz ohne Verbote) gemacht haben, immer nur eine Nebenrolle? Warum macht niemand den Babyelefanten wieder größer? Und ist »Testen, testen, testen« wirklich eine sinnvolle Maßnahme – oder testen wir uns völlig sinn- und zweckfrei in einen tiefroten Abgrund? Ich hätte statt der täglichen Testrekorde gerne mal ein paar andere Zahlen, z.B. eine Berechnung, wie viele falsch Positive dieser Test bei der derzeit angenommenen Prävalenz erzeugt. Oder eine Information über die Ct-Werte der Tests, ohne die eigentlich nicht sinnvoll über wirkliche Infektionszahlen gesprochen werden kann: Wo liegen die jetzt? Und waren sie vor ein paar Wochen womöglich anders? Und last but not least: Wie stehen die Zahlen eigentlich in Verhältnis zur generellen Verbreitung des Virus in der Bevölkerung? Anders gefragt: Kann jemand, der unbemerkt Antikörper entwickelt hat (und somit mit Corona schon »durch« ist) eigentlich noch positiv getestet werden? Und wenn ja, wird immer auf beides getestet? Oder testen wir uns wirklich ohne Not in eine »Dauerwelle«?

Mit freundlichen Grüßen

An die PNP, 24.10.20:

Zu: Rettende Spritze rückt näher

Die Spielräume der Politik zur Viruseindämmung werden angesichts der rapide steigenden Coronainfektionszahlen immer kleiner? Nein, das werden sie nicht, im Gegenteil: Man hätte sehr viel Spielraum, den Spielraum nämlich, endlich die Strategie zu ändern. Was bringt denn das Testen, testen, testen und das Tracen, tracen, tracen von alles und jedem wirklich? Ja, die Infektionszahlen steigen, aber ist das im Herbst für eine Virusinfektion erstaunlich? Und angesichts der Fehlerquoten (Thema: falsch Positive) des Tests erst recht nicht. Sind die Zahlen höher als das, was uns in den »Flatten-the-curve«-Szenarien angekündigt wurde? Ich wage zu behaupten, nein. Die derzeitige Strategie bindet Ressourcen mit der Verfolgung Symptomfreier, sie verhindert Bildung und schadet, nein, nicht nur der Wirtschaft, auch der Gesellschaft als Ganzes durch überzogene Kontaktpersonenquarantänen immens. Wirklicher Risikogruppenschutz geht anders (und wäre von Anfang an anders – und besser – gegangen). Kümmert euch um die Leute mit Symptomen und die ernsthaft Erkrankten und schützt die, die es wirklich brauchen. Doch, das geht auch ohne Lockdown und Kollateralschäden, die längst viel mehr als das sind. Haben Sie den Mumm, Herr Söder, für so einen Schwenk zurück zu Vernunft? Ach ja, und wenn Sie dazu für Ihre Pressekonferenzen ein schickes Wort als Ersatz für das allgegenwärtige »containment« brauchen: das nennt sich neudeutsch »mitigation«.

Mit freundlichen Grüßen

An die TT, 25.10.20:
Zu: Auch Tirol am Limit beim Kontakttracing
Am Limit beim Kontacttracing? Das ist also das neueste Schreckensszenario? Banal gesagt: Dann lasst es doch. Was bringt es denn wirklich? Es bindet Ressourcen und sendet haufenweise Leute ohne Symptome oder sogar mit negativem Testergebnis in völlig überzogene Quarantänen. Die Mortalitätsrate dieser Krankheit ist – außer für die Risikogruppen – bei weitem nicht so hoch wie gedacht. Ergo: Konzentration auf den Risikogruppenschutz und auf die Behandlung der tatsächlich Erkrankten. Wobei ich mich bei den Hospitalisierungszahlen eines frage: Wenn jemand für eine notwendige Operation ins Krankenhaus kommt, bei der Aufnahme positiv getestet wird (er aber sonst keine Covid-Symptome hat), zählt sein Spitalsbett dann zu den Covid-Hospitalisierungen (obwohl er es ja sowieso gebraucht hätte)? So kann man Zahlen auch hochtreiben.

Mit freundlichen Grüßen

An die TT, 27.10.20:
Zu: Kürzere Quarantäne kein Tabu
Kürzere Quarantäne kein Tabu? Der Kontaktpersonen-quarantäne-Kritiker freut sich ein paar Sekunden am

Morgen über einen klitzekleinen Anflug von Vernunft. Gibt ja selten was, worüber man sich freuen kann in diesen Tagen. Hält aber nicht lang, sondern weicht schnell dem Erstaunen über die erneute Findigkeit der Regierenden, einen politisch opportunen Begriff zu kreieren, um das Paniklevel keinesfalls sinken zu lassen: »Aktiv Infizierte«. Klingt doch gleich bedrohlicher als »positiv Getestete«. Bei letzterem könnte es dem ein oder anderen nämlich vielleicht doch dämmern, in dem Zusammenhang mal was von den Fehlerquoten des Tests gehört zu haben – und das gilt es natürlich tunlichst zu vermeiden.

Mit freundlichen Grüßen

An die TT, 27.10.20:
Zu: Es liegt an uns
Liegt es wirklich an uns? Nein, das tut es eben in der Regel nicht. Es liegt erstmal an der Politik. Und da fehlt es wirklich weit – der Artikel nennt ja auch genügend Beispiele: Dort, wo es kaum zu Ansteckungen kommt oder (Thema Schulen) kaum Risikogruppen unterwegs sind, werden die Regeln verschärft oder man behält schon bisher unsinnige Regeln wie die Quarantänen von negativen (!) K1-Personen bei. Ignoriere ich wirklich das Virus, wenn ich darüber nachdenke, was Sinn macht und was nicht? Und mich dann vielleicht auch entsprechend verhalte? Warum wird an so vielen repressiven, aber unwirksamen Stellschrauben gedreht anstatt an einer, die die Zahlen schon vor dem Lockdown gesenkt hat, nämlich dem Abstand? Wirksam, läuft aber bei jeder Maßnahmendiskussion weit hinter

»Masken hier, Masken da, Masken überall« her. Natürlich hinterfragen immer mehr die Maßnahmen, wenn es keine positive Korrelation gibt. Und ja, die Hospitalisierungen steigen. Es ist Herbst, also die Zeit für Virusinfektionen. Und wie viele der derzeit ein Corona-Hospitalsbett Belegenden sind eigentlich »nur« bei der Einweisung ins Krankenhaus, z.B. für eine dringende Operation, positiv getestet worden und hätten das Spitalsbett sowieso benötigt? Womit wir auch in diesem Setting bei der Frage wären: Ist jeder positiv Getestete gleich ein Coronafall? Nullrisiko? Gibt es nicht – oder nur zu einem Preis, den keine Gesellschaft der Welt wirklich zahlen kann, ohne zugrunde zu gehen.

Mit freundlichen Grüßen

An die PNP, 29.10.20:
Zu: Teillockdown für Deutschland
Die Welle rollt also? Ja, die Welle des kollektiven Wahnsinns. Und nein, Frau Merkel, ich glaube nicht, dass Sie in Ihrer Berliner Blase auch nur ansatzweise ahnen, was Sie den Menschen zumuten. Und falls Sie es doch tun sollten: Umso schlimmer. Ändern Sie endlich die Strategie und hören Sie auf mit diesen »Rasenmähermaßnahmen«, die viel zu viele treffen – und meist auch noch die Falschen. Alles zum Schutz der Risikogruppen? Nein, eben nicht, wie das Beispiel im »Standpunkt« von Ernst Fuchs zeigt: 35 positiv Getestete in einem Altenheim? 10 Mitarbeiter? Wie kann das sein? Werden womöglich genau dort die Mitarbeiter nicht täglich getestet? Und man schickt alle 600 Mitarbeiter unterschiedslos in Quarantäne? Was erreichen Sie damit, außer einen

Versorgungsnotstand, der eventuell mehr Opfer fordert als Corona (das hat übrigens in anderen Ländern durchaus schon »funktioniert«)? Und glauben Sie wirklich, das verhindern Sie mit einem Lockdown? Es gibt inzwischen übrigens durchaus auch Studien, die darlegen, dass der erste Lockdown gesamtgesellschaftlich mehr Lebensjahre gekostet hat als er gerettet hat. Wenn man mit dem Kopf durch die Wand will, die Wand aber nicht nachgibt, wird es auch nicht besser, wenn man sich den Kopf blutig schlägt – dann sollte man eine Tür suchen: Mitigation statt Containment.

Mit freundlichen Grüßen

An die TT, 30.10.20:
Zu: Abgeschwächter Lockdown geplant
In Tirol werden also 164 Coronapatienten in den Spitälern behandelt, davon 24 intensivmedizinisch. Was ich mich angesichts der Zählweise bei den Coronatoten, wo die »nur« »mit« Corona Verstorbenen ja mitgezählt werden, seit Anstieg der Hospitalisierungszahlen frage: Wenn jemand wegen einer Operation ins Spital kommt und dort »nur« positiv getestet wird (sonst aber keine Covid-spezifischen Beschwerden hat), zählt das Spitalsbett, das derjenige wegen des Eingriffs sowieso gebraucht hätte, dann bei den Corona-Hospitalisierungszahlen mit? Dann wäre der Anstieg der Hospitalisierungszahlen ja de facto vielleicht gar nicht so dramatisch wie dargestellt. Leider bekommt man bei der AGES auf diese Frage keine Antwort (jedenfalls keine, die wirklich auf die Frage eingeht).

Mit freundlichen Grüßen

An die PNP, 31.10.20:
Zu: Fast 19.000 Neuinfizierte
Liebe PNP- Journalisten,
gerne wieder und zum x-ten Mal: Das sind zunächst mal
keine Neuinfizierten, sondern »nur« positiv Getestete.
Schaut euch doch mal die Fehlerquoten dieses Tests
an – insbesondere in Bezug auf falsch Positive (https://
www.aerzteblatt.de/archiv/214370/PCR-Tests-auf-
SARS-CoV-2-Ergebnisse-richtig-interpretieren). Oder
druckt ihr nur ab, was euch eine staatliche Pressestelle
liefert? Habt ihr einmal schon nach den Ct-Werten der
Tests gefragt (im Frühjahr und heute)? Ja, dieses Virus
gibt es und daran sterben Menschen, wie an vielen
anderen ansteckenden Krankheiten auch. Wir müssen
uns um Risikogruppen – zielgerichtet – kümmern –
und wir sollten endlich die Tests wieder runterfahren.
Damit wird die Krankheit nicht verschwinden – aber
wenn wir diese Wahnsinnsressourcen (von Anfang an)
in die Behandlung der Krankheit gesteckt hätten statt
alles und jeden (falsch positiv) zu testen, der nicht bei
3 auf dem Baum ist, wären wir weiter. Die Politik muss
die Strategie ändern – aber sie ruiniert lieber das Land
mit immer unsinnigeren Maßnahmen, die denen, die
durch die Krankheit tatsächlich gefährdet sind, nicht
ein Jota nutzen.
   Mit freundlichen Grüßen

An die PNP, 31.10.20:
Zu: Philologenverband fordert FFP2-Masken für Lehrer
Richtig, aber warum nicht schon im März? Wir machen
Lockdowns, die uns Milliarden kosten bzw. deren ge-

sellschaftliche und soziale Folgen in keinster Weise absehbar sind, wir bringen unsere Kinder durch völlig überzogene Schulschließungen um Bildungschancen (von den psychischen Folgen ganz zu schweigen), wir geben ebenso Milliarden aus, um – angesichts der Falsch-Positiven-Rate des Tests mit äußerst zweifelhaftem Erfolg – zu testen, testen, testen. Aber wir machen die einfachsten Dinge nicht, die Risikogruppen schützen würden: Warum gibt es für diese noch keine FFP2-Masken auf Staatskosten? Das wäre wirklich sinnvoll – jedenfalls sinnvoller als sich zu Tode zu testen, tracen und quarantänisieren.

Mit freundlichen Grüßen

An die TT, 01.11.20:

Zu: Besuchsverbote, Sperren und Masken: Das gilt ab Dienstag

Die Gastronomie, die doch schon so viele Regeln hatte, muss also wieder zumachen: Frage dazu: Wie viele Cluster (und ich spreche jetzt von Restaurants, nicht Nachtbars) sind denn von diesem Bereich – vor allem auch im Verhältnis zur Gesamtzahl an Clustern – ausgegangen? Rechtfertigt es das wirklich, diesen Bereich wohl nun endgültig an die Wand zu fahren? Und: Schützt diese Maßnahme wirklich die Risikogruppen, um die es angeblich immer geht? Warum ich »angeblich« schreibe? Im gleichen Artikel findet sich, dass Mitarbeiter in Pflegeheimen wöchentlich getestet werden müssen. Mal abgesehen davon, dass wöchentlich zu wenig sein könnte: Daraus schließe ich, dass das bisher nicht so war. Dafür habt ihr bis jetzt gebraucht?

Aber einen zweiten Lockdown machen, der – ein weiteres Mal – mehr schaden als nutzen wird. Die Positivenzahlen in Österreich sanken übrigens im März bereits vor dem ersten Lockdown. Wo bleibt eine neutrale Maßnahmenbewertung?

Mit freundlichen Grüßen

An die TT, 02.11.20:

Zu: Erste Intensivbetten sind voll

Die 8 Betten in Dornbirn sind also zur Hälfte mit Covid-19-Patienten belegt. Allein, wie wird »Covid-19-Patient« definiert? Jemand mit Symptomen, der tatsächlich einzig und allein aufgrund dieser Erkrankung ein Spitalsbett braucht? Oder jemand, der – aufgrund einer anderen Erkrankung – das Spitalsbett sowieso gebraucht hätte und »nur« positiv getestet ist? Von staatlicher Seite gibt es auf diese Frage keine wirkliche Antwort. 300 Corona-Patienten laut Bericht auf Intensivstationen. Und auch hier die Frage: Wie viele davon tatsächlich wegen Corona – und wie viele nur – als positiv Getestete – mit Corona? Als Vergleichszahl findet sich zudem meist nur die Bettenzahl, die speziell für Covid-Patienten vorgehalten wird. Dass man hier auch durch Umwidmungen »normaler« Intensivbetten noch Luft hat (insbesondere für die nur positiv getesteten Covid-19-Patienten) sollte – jedenfalls bei einer Intensivbettenzahl von 28,9 auf 100.000 (was rund 2.500 Intensivbetten entspricht) – nicht völlig unerwähnt bleiben. Und ich frage mich, ob man das Geld, das man bisher für die massenweise Testung von Symptomfreien und das ebenso massenweise Tracing von

Kontaktpersonen und last but not least den Erhalt von Wirtschaftszweigen, die ohne den Lockdown diese Mittel gar nicht gebraucht hätten, ausgegeben hat, nicht besser in den Betten-Ausbau gesteckt hätte.

Mit freundlichen Grüßen

An die TT, 02.01.21:
Zu: Auf Demo folgten Anzeigen
Was für einen Grund gibt es bitte, das Wort »Corona-Maßnahmenkritiker« in einem Artikel in Anführungsstriche zu setzen (gilt übrigens auch für das im Artikel ebenfalls so markierte »Linksautonome«) – außer, wenn man wie hier zitiert?

Mit freundlichen Grüßen

An die TT, 05.01.21:
Zu: Schule soll raus aus dem Lockdown
In dem Artikel ist an mehreren Stellen vom Gesetzesentwurf zum »Freitesten« die Rede. Schon erstaunlich, in welcher Einigkeit sowohl die Oppositionsparteien als auch die Medien hier auf die Sprachregelung der Regierung rekurrieren: Worum es in diesem Gesetzesentwurf von Anfang an ging, war und ist, für das Betreten von »Betriebstätten« und den Besuch von Veranstaltungen einen gültigen Coronatest zur Voraussetzung zu machen – und das nicht nur eine Woche lang, sondern auf Dauer.

Mit freundlichen Grüßen

An die TT, 06.01.21:

Zu: Pandemie auf Urlaubsinsel Mallorca »außer Kontrolle«

Mal abgesehen davon, dass das meiner Meinung nach mal wieder ein Beispiel dafür ist, dass auch die spanischen Lockdown-Maßnahmen letztlich für die Tonne sind: Warum gibt es bei diesem internationalen Blick immer nur eine Katastrophe nach der anderen? Weil alle das Gleiche (oder zumindest Ähnliches), aber das Falsche machen? Diese Lockdowns werden uns nicht retten – im Gegenteil. Wenn alle das falsche Medikament verwenden, wird die Lage nicht besser, wenn man die Dosis erhöht.

Mit freundlichen Grüßen

An mario.zenhaeusern@tt.com, 08.01.21:

Zu: Verdammen und abkassieren

So sehr ich Ihrem Artikel zustimme, ein Wort sollte darin nicht auftauchen – es macht nämlich – bei jedwedem Thema – jegliche Argumentation überflüssig: Das unsägliche Wort »alternativlos«. Etwas kann sinnvoll sein (oder eben nicht), zielführend (oder eben nicht), unbedingt notwendig (oder eben nicht), aber alternativlos? Jede Handlung hat eine Alternative – ob diese sinnvoll, zielführend, notwendig ist, darüber kann man dann gerne streiten. Aber »alternativlos« beendet jeden Diskurs, ehe er begonnen hat.

Mit freundlichen Grüßen

An die TT, 08.01.21:

Zu: Covid, aber keine Grippe

Nur, dass ich das recht verstehe: Es gibt also Leute, deren Symptome auf Covid und Influenza passen. So weit, so verständlich. Von denen werden diejenigen, die einen negativen Covid-Bescheid haben, auf Influenza getestet. So weit, so immer noch verständlich. Aber dann: Bisher wurde also dann keiner von denen positiv auf die Grippe getestet. Was haben die dann, bitte? Und warum eigentlich ned anders rum? Erstmal auf Grippe testen und dann auf Corona? Was da wohl rauskäm?

Mit freundlichen Grüßen

An die tz, 09.01.21:

Zu: Söder warnt vor einer Weltverschwörung

Söder warnt also vor einer Weltverschwörung. Mit Verlaub, aber das ist ja wohl ähnlich abstrus wie das, was einige – bei weitem nicht alle – seiner Gegner verbreiten. Diese völlig maßlosen Verunglimpfungen aller, die Maßnahmen kritisieren, erinnert wirklich an ganz üble Regimes. Warum soll jemand, der Abstand und Hygienemaßnahmen für sinnvoll hält, nicht das Recht haben, den x-ten sinnlosen Lockdown und die x-te sinnlose Schulschließung zu kritisieren? Ja, Herr Söder, es kann nicht nur über 80-Jährige treffen, aber: Der Staat hat die Pflicht, das, was er tut, auch zu evaluieren. Und wenn die Hauptrisikogruppen bekannt sind, dann gibt es mit Verlaub viel mildere, vor allem aber auch: viel wirksamere Maßnahmen als die Ihren. RIP, Bayern.

Mit freundlichen Grüßen

An die tz, 09.01.21:

Zu: Die Wahrheit über die Todeszahlen

Die Wahrheit über die Todeszahlen wäre, dass es noch keine Wahrheit gibt. Das Münchner Team hat also die Zahlen seit 2016 mit denen von heuer verglichen. So weit, so gut bzw. aufgrund der Zahlen natürlich: so schlecht. Aber warum bitte nur die Zahlen seit 2016? Es gibt offizielle Zahlen, auch Zusammenfassungen der früheren BRD und DDR für Jahrzehnte zurück – Corona ist eine üble Erkrankung, aber ist sie die einmalige Katastrophe, als die sie uns verkauft wird? Ich wage zu behaupten, nein. Sachsen hat auch ohne Corona – und ich verweise hier auch nochmal auf die unsägliche Zählung, positiv Getestete mit anderer Todesursache als Coronatote zu zählen – eine Übersterblichkeit von 30 %. »Das sollte man hinterfragen«, sagt Prof. Kaudermann. Ja, das sollte man – aber warum tut es niemand? Und last but bereits seit März not least: Wenn die Todeszahlen schon so hoch sind, fangt doch mal wenigstens an, über eine Strategieänderung nachzudenken: Wenn ich ein Medikament nehme, das gegen etwas nicht hilft, hilft es dann, die Dosis zu erhöhen? Oder sollte ich nicht besser ein anderes Medikament suchen, ehe ich mich noch irrtümlich vergifte?

Ich hätte da einen Anfang, was die Zahlen angeht (destatis, keine abstruse Quelle): Was war z.B. 1975? Eine sehr viel höhere Rate als im Jahr zuvor oder danach? Erinnert sich jemand? Eine Katastrophe, ein Lockdown, komplett aus dem kollektiven Gedächtnis gestrichen – oder einfach ein weniger hysterischer Umgang mit dem Tod?

Mit freundlichen Grüßen

(An diesem Leserbrief hing eine Seite aus einer Statistik zu Sterblichkeitszahlen, die ich aus Urheberrechtsgründen nicht einfüge)

An die TT, 09.01.21:

Zu: Dritter Impfstoff soll doch schon im Jänner kommen

Laut Artikel hat die EMA »gestern« (das war also am 08.01.21) grünes Licht dafür gegeben, dass man 6 statt 5 Dosen aus einem Fläschchen zieht. Nur komisch, dass auf einer britischen Info vom 24.12.20 (und da waren die Briten noch in der EU) über den Impfstoff für im Gesundheitsbereich Tätige genau diese Möglichkeit, eine 6. Dosis zu ziehen, bereits erwähnt wird: »When low dead-volume syringes and/or needles are used, the amount remaining in the vial after 5 doses have been extracted may be sufficient for an additional (sixth) dose.« Da gab es das grüne Licht wohl doch schon vorher.

Mit freundlichen Grüßen

An die TT, 10.01.21:

Zu: Schulen sollen Kinder selbst testen

Laut Bericht hat eine österreichische Studie gezeigt, dass Kinder genauso oft infiziert sind wie Erwachsene. Auf die alte Streitfrage » nur positiv getestet« oder wirklich »infiziert« möchte ich hier gar nicht eingehen, aber der Satz zeigt das ganze Dilemma der bisherigen Maßnahmen. Die Infektionszahl rechtfertigt alles. Aber sollte sie das? Macht das Sinn? Kinder infizieren sich, die Gefahr eines heftigen Verlaufs geht gegen Null.

Die mögliche Ansteckung bei Asymptomatischen liegt ebenfalls im Promillebereich. Ja, auch Schüler kommen mit eventuellen Risikopersonen in Kontakt, aber sollte der Schutz nicht vernünftigerweise bei den Risikopersonen ansetzen statt alle mit immer absurderen Massenmaßnahmen zu traktieren?

Mit freundlichen Grüßen

An die TT, 10.01.21:

Zu: Reintesten für Zugang zu Hotel und Veranstaltung

Und wenn es noch eines einzigen Beweises bedürfte, wie unsinnig diese ganze Testerei ist, dann sollte doch wohl die Aussage der Virologin Puchhammer-Stöckl reichen, dass von negativ getesteten Personen »in etwa einen (!) Tag lang weitgehend (Nota bene: weitgehend!) keine Ansteckungsgefahr ausgeht«. Die einzigen, denen diese Massentesterei was bringt, sind die Hersteller der Tests und deren Aktionäre. Das dafür rausgeschmissene Geld wäre in Alten- und Pflegeheimen besser angelegt – übrigens nicht nur zum Kampf gegen Corona.

Mit freundlichen Grüßen

An die TT, 12.01.21:

Zu: Jahr wiederholen, Ferien kürzen: Alles am Prüfstand

Für eine Verkürzung der Schulferien muss also das Schulzeitgesetz vom Parlament geändert werden und das gehe sich für die Semesterferien nicht mehr aus. Echt jetzt? Ihr schafft es, innerhalb von Tagen (manch-

mal zumindest gefühlt: Stunden) Gesetze und Verord-
nungen zu basteln, die massiv in Grundrechte eingrei-
fen, aber das geht sich nicht aus? Finde den Fehler.
   Mit freundlichen Grüßen

An die TT, 12.01.21:
Zu: Ein Pulverfass mit hoher Explosionsgefahr?
Der freie Journalist Bonvalot beobachtet also die
»Corona-Verharmloser«-Demos.   Entschuldigung,
aber mit so einem wertenden – und vor allem diffa-
mierenden – Begriff geht das Dilemma doch schon
los: Wenn ich also gegen einige – beileibe nicht alle –
sinnlose oder zumindest mehr Schaden als Nutzen
anrichtende Maßnahmen auf die Straße gehe, bin ich
gleich ein »Verharmloser«? Gut, was ist dann bitte die
Regierung, die konsequent alle inzwischen immensen
Kollateralschäden ausblendet? Auf jeder Demo – auch
linken – gibt es Leute (wie den schwarzen Block) an
den Rändern; mit denen sollte eine Demokratie aber
fertig werden. Das Problem sehe ich eher in einer heftigen Bewegung gerade auch zahlreicher Journalisten
nach links in den vergangenen Jahren: Wer ein Plakat
mit »Heimatschutz statt Mundschutz« trägt, ist also
schon ein Neofaschist? Vielleicht sollte der Herr freie
Journalist mal kurz darüber nachdenken, dass er mit
solchem völlig überzogenen Schubladendenken die
schlimmsten Verbrechen des letzten Jahrhunderts in
einer geradezu unsäglichen Weise relativiert? Völlig
abstrus wird es dann beim Hinweis, dass es »skurril«
sei, wenn Leute mit so einem Plakat in der Hand dann
selber Masken tragen. Das ist nicht skurril, das nennt

man »Sich an Auflagen zur Durchführung der Demo halten«. Das passt aber wahrscheinlich nicht ins Weltbild dieses Herrn.

Mit freundlichen Grüßen

An die TT, 13.01.21:

Zu: Britenvirus – Tests in Jochberg

Ui, was für eine Schlagzeile! Wenn man den Bericht zwei Seiten weiter – immerhin gibt es den noch dazu, das muss man in den heutigen Panikzeiten schon lobend erwähnen – mit dem Titel »Jochberger sollen sich alle auf Corona testen lassen« liest, sieht es aber schon wieder sehr viel entspannter aus: Da erklärt der Leiter der Skischule Reicholf, wo die positiv Getesteten wohnen, dass einer, der am 1. Jänner erkrankt ist, schon seit Oktober hier ist, was ja wohl heißt, dass er das mutierte Virus nicht eingeschleppt haben kann. Endgültig des Verdachts einer politischen Instrumentalisierung der Fälle kann man sich aber dann nicht erwehren, wenn man erfährt, dass die Quarantäne der Betroffenen heute (!, 13. Jänner) bereits wieder endet. Hat man hier noch was aus der Kiste gezogen, um einen Grund für eine Lockdown-Verlängerung zu haben? Wie so oft in Zeiten dieses vor allem politischen Wahnsinns gilt: Honi soit qui mal y pense.

Mit freundlichen Grüßen

An die TT, 14.01.21:

Zu: Alle Tests negativ

Die Virologin Laer hätte also eine Quarantäne über Jochberg verhängt, obwohl bisher zwei Drittel der Einwohner negativ getestet wurden und noch gar nicht sicher ist, wo sich die 17 Skifahrer angesteckt haben. Voraussicht und Vorsicht in allen Ehren, aber nur mit der reinen Virologensicht, die – ebenso wie politische Agenda – nur davon getrieben zu sein scheint, jedwede Ansteckung zu verhindern, kommen wir doch auf keinen grünen Zweig mehr – und auf einen lebenswerten schon gar nicht.

Mit freundlichen Grüßen

An die TT, 15.01.21:
Zu: Österreich bleibt im Notbetrieb
Der Handel hat also zumindest »bessere« Aussichten auf eine Öffnung als der Rest. Und dabei stehe auf der Liste der »Möglichkeiten« eine Verschärfung der Abstandsregeln. Echt jetzt? Wir sperren alles zu, enthalten den Kindern eine ordentliche Bildung vor, fahren kurz gesagt ein ganzes Land bzw. im sinnfreien Gleichschritt der Regierungen fast einen ganzen Kontinent an die Wand, aber eine der wenigen sinnvollen Dinge im Kampf gegen diese Erkrankung steht nach 11 Monaten nur auf der Liste der Möglichkeiten?

Mit freundlichen Grüßen

An die TT, 15.01.21:
Zu: Eintrittstesten als Übergangslösung
Die SPÖ zeigt sich also erfreut, dass die sog. Wohnzimmertests (der Begriff ist ja fast so lächerlich wie der Babyelefant) jetzt gesetzlich verankert worden sind. Und was nutzen mir die bitte, wenn ich im gleichen Artikel lesen muss, dass ein Heimtest auf Corona

mit einem höherwertigen PCR-Test bestätigt werden muss?

Mit freundlichen Grüßen

An die TT, 15.01.21:
Zu: Deutlich mehr Todesfälle
Es sind also im Vorjahr 90.123 Menschen gestorben, 11 % mehr als im Durchschnitt der Jahre 2015-2019. Das ist schlimm, aber wenn ich gleichzeitig lese, das seien so viele wie seit 1983 nicht mehr, dann stellen sich mir doch ein paar Fragen: Welche Katastrophe hatte uns denn 1983 getroffen? Ich kann mich an keine Pandemie erinnern, schon an gar keine, die mit so selbstzerstörerischen Maßnahmen wie mehrfachen Lockdowns einhergegangen wäre. Warum wird nur der Durchschnitt der letzten 5 Jahre genommen? Gäbe ein längerer Zeitraum ein anderes Bild? Und zur sinkenden Lebenserwartung: Ja, das ist sicherlich so, allein: Wenn ich von mir und meinem derzeitigen (Gesundheits-)Zustand ausgehe, dann liegt das nicht an Corona, sondern an etlichen der Maßnahmen dagegen. Und was mich immer wieder erstaunt: Gibt es eigentlich auch noch Journalisten, die sich über so was wundern – und vielleicht mal nachhaken?

Mit freundlichen Grüßen

An die TT, 15.01.21:
Zu: Die Sorge vor der britischen Mutation
Die Infektionszahlen stagnieren also auf zu hohem Niveau? Tun sie das wirklich? Wenn mal wieder die absoluten Zahlen das Maß aller Dinge sind, ja. Allein:

Nachdem nun ja seit einer Weile nicht nur die Zahlen der PCR-Tests, sondern auch der Antigentests veröffentlicht werden, sollte man das Ganze vielleicht mal in Relation sehen: Stand gestern Abend, 14.01.21, gab es insgesamt die wahnwitzige Zahl von 7.379.973 Testungen, davon waren bisher insgesamt 384.708 positiv, was eine Gesamtquote von 5,21 % an positiv Getesteten ergibt. Und ja, von vorgestern im Vergleich zu gestern gab es tatsächlich einen Fallanstieg: Während es vorgestern 1.475 neue Fälle waren, waren es gestern 1.625. Aber: Während die Zahl an neuen Tests vorgestern bei 124.267 lag, betrug diese Zahl für gestern wohl aufgrund der im Artikel erwähnten Nachmeldungen 390.264 neue Testungen (!). Und nein, ich habe mich nicht vertippt. Das gäbe übrigens eine Positiventagesquote von 0,42 %.

Mit freundlichen Grüßen

An die TT, 17.01.21:
Zu: Coronaleugner pfiffen auf Abstand
So, und Sie können mich – und ich denke, Sie kennen mich inzwischen aus vielen Leserbriefen (deren reines Schreiben mir übrigens bisher geholfen hat, an dieser Situation nicht schon längst komplett verzweifelt zu sein) – gerne als Beispiel dafür nehmen, wie man Leute in die rechte Ecke drückt. In der sie dann auch verbleiben werden, denn wo sollen sie denn noch eine politische Heimat finden? Es hat mit neutraler Berichterstattung nichts, aber auch gar nichts zu tun, über diese Proteste mit der Überschrift »Coronaleugner« zu berichten. Ja, diese Ränder gibt es auch (so wie man

auf sog. »linken« Demos auch immer den unvermeidlichen »Schwarzen Block« findet), aber die meisten Leute, die sich hier versuchen, Gehör zu verschaffen, leugnen das Virus nicht. Was sie aber in Frage stellen, ist die Sinnhaftigkeit von Maßnahmen wie Dauerlockdowns. Bemühen Sie sich doch als Qualitätsmedium darum, gegen dieses immer stärkere Schubladendenken und Diffamieren, das sich in der Bevölkerung eh schon massiv verbreitet, anzuschreiben statt es auch noch zu befeuern.

Mit verzweifelten Grüßen

An die PNP, 20.01.21:
Zu: Im Blindflug
Der Überschrift ist auf jeden Fall zuzustimmen, wobei man inzwischen eigentlich sagen muss: im absichtlichen Blindflug. Wer es nach fast einem Jahr noch nicht schafft, die Risikogruppen wirklich zu schützen, obwohl es bei dieser Krankheit so klar wie wohl noch bei keiner ist, um wen es sich dabei handelt, nämlich um die Leute in Alten- und Pflegeheimen, dem kann man eigentlich schon Vorsatz unterstellen. Stattdessen fährt man mit dem x-ten und immer schärferen Lockdown das Land an die Wand, und inzwischen gibt es durchaus ernsthafte Studien, die den Sinn dieser Maßnahme in Frage stellen (und das sogar, ohne die Kollateralschäden zu berücksichtigen, rein aus epidemiologischer Sicht). Widersprechen würde ich der Forderung nach Massentests, jedenfalls, sofern es dabei um Antigentests gehen sollte: Die Massentests in Österreich haben gezeigt, dass die Positiven hier im

Promillebereich lagen. Das steht wirklich nicht dafür – das Geld, das man damit den Testherstellern in den Rachen schmeißt, wäre besser beim direkten Schutz der Risikogruppen (und der generellen Ausstattung der Heime auch abseits von Corona) aufgehoben.

Mit freundlichen Grüßen

An die TT, 24.01.21:

Zu: Bevölkerung in Schwaz zu Tests aufgerufen

Von den 7 von der südafrikanischen Mutation Betroffenen befinden sich 3 also noch in Quarantäne. Ich zitiere: »Sie weisen aber bereits einen negativen PCR-Test auf.« Wie lang lassen wir uns diesen Quarantäne-Unfug (und nicht nur diesen) eigentlich noch gefallen? Nichts gegen sinnvolle Maßnahmen wie den endlich wieder vergrößerten »Babyelefanten« und – hoffentlich – auch endlich einen vernünftigen Schutz der Leute in den Alten- und Pflegeheimen, aber negativ Getestete in Quarantäne zu behalten? Dieser Test gilt als Nonplusultra (ob nun zurecht oder nicht, ist eine andere Frage) der Infektionsfeststellung, aber bei negativen Tests reicht das plötzlich nicht? Finde den Fehler. Es krankt mal wieder daran, woran es seit Anbeginn krankt: Verhältnismäßigkeit und Sinnhaftigkeit der Maßnahmen.

Mit freundlichen Grüßen

An die TT, 24.01.21:

Zu: Daten aus dem Abwasser besser nutzen

Neuinfektionen sind mittels Abwasseranalysen also bis zu 7 Tage vor der klinischen Diagnose zu sehen.

Mal ganz laienhaft gefragt: Warum gibt es dann keine Urin- oder Fäkalientests für den Hausgebrauch? Ernsthaft, das wäre doch angenehmer als ein Stäbchen bis in die hintersten Winkel über die Nase und könnte die Testbereitschaft erhöhen? Wobei aber auch bei dieser »Strategie« die generelle Corona-Krux leider bestehen bleibt: Obwohl für die überwiegende Mehrheit nicht gefährlich und meist sogar symptomlos, kommen wir bei dieser Erkrankung nicht von der unseligen Fixierung auf die Infizierten los. Wenn wir das nicht endlich ändern und uns auf den Schutz der Risikogruppen beschränken, kommen wir nie wieder zu einer Normalität zurück.

Mit freundlichen Grüßen

An die TT, 26.01.21:

Zu: S. 2 – Infektionen in Tirol

Wir werden täglich zuverlässig mit den Zahlen der Corona-Neuinfektionen in Tirol und einigem anderen Zahlenmaterial versorgt. Eine wichtige Ziffer fehlt allerdings, nämlich die Zahl der täglich in Tirol durchgeführten Tests, aufgeschlüsselt nach PCR und nach Antigentests, zumindest aber als Gesamtsumme. Liebe TT, wie wäre es denn mit dieser überaus notwendigen Ergänzung?

Mit freundlichen Grüßen

An die TT, 26.01.21:

Zu: 800 Neuinfektionen als Ziel

Waren das nicht mal unter 1.000? Bzw. war nicht vor kurzem noch die Lage in den Spitälern und hier insbesondere in den Intensivstationen das Maß aller Dinge?

Jetzt sind es also 700-800 Neuinfektionen. Sollte es nicht (Thema Spitäler) auf die Schwere der Infektion ankommen – zumindest bei einer Erkrankung, die für rund 90 % mit keinen oder nur milden Symptomen einhergeht? Meine Prognose: Wenn die 700-800 erreicht sind, wird die Zahl – aus welchen Gründen auch immer – noch weiter heruntergesetzt. Und der ruinöse Dauerlockdown wird munter verlängert. Warum? Ich habe wirklich keine Ahnung, was diese Wahnsinnspolitik antreibt, der Schutz der Risikogruppen kann es nicht sein – der wäre schon längst ohne Lockdown möglich.

Mit freundlichen Grüßen

An die tz, 27.01.21:

Zu: Reisestopp

Frau Merkel will also einen Reisestopp. Ich schreibe besser nicht, was ich will, denn das wäre strafrechtlich relevant. Frau Merkel, wenn Sie die Mauer wieder zurückhaben wollen, dann bauen Sie sich doch einfach eine um Ihr eigenes Grundstück. Haben Sie eigentlich auch nur ansatzweise eine Ahnung, was Sie z.B. Leuten in Grenzgebieten mit Ihren jetzigen Regeln schon antun? Und Herrgott nochmal, hier ist nichts (mehr) evidenzbasiert: Die Mehrheit der Leute stirbt aus Alten- und Pflegeheimen – eine wahnsinnig mobile Truppe. Sie werden als rationale Physikerin verehrt (auch wenn ich das noch nie verstanden habe), für mich sind Sie eher die M. von Zahnd aus Dürrenmatts »Die Physiker«. Sie wollten diesem Land noch nie was Gutes – und ich muss es leider sagen: Ziel erreicht.

Mit freundlichen Grüßen

An die PNP, 28.01.21:

Zu: Erstes Bundesland mit konkreten Öffnungsvorschlägen

So lobenswert es ist, sich nach einem Jahr (!) mit diesem Virus endlich Gedanken über eine Exitstrategie zu machen: Diese Inzidenzzahlen gehören endlich vom Tisch, sie setzen nämlich immer noch bei der falschen, um nicht zu sagen fatalen, Strategie an, die wie das Kaninchen auf die Schlange auf die Zahl der positiv Getesteten starrt – und das bei einer Infektion, die für die überwiegende Mehrheit symptomlos oder mit milden Symptomen verläuft. Ja, wir müssen die Risikogruppen in den Alten- und Pflegeheimen schützen. Aber ganz sicher nicht, indem wir für ein im wahrsten Sinn des Wortes »Wiederaufleben« dieses Landes utopische – und damit unsinnige – Inzidenzwerte zum Maß aller Dinge machen. Und wenn ich nebendran den Artikel »Wenn keiner eine Reise tut« lese, dann frage ich mich schon, was man in dem einen Jahr gelernt hat, außer seine Nationalismen zu pflegen und Europa endgültig zu ruinieren: So wenig, wie man auf einer Erde ein Virus aufhalten kann, so wenig kann man auch seine Mutationen aufhalten. Ändert endlich eure Strategie. Daran scheint aber niemand Interesse zu haben. Und da fragt man sich dann auch schon mal als Otto Normalverbraucher: Cui bono? Dem Volk jedenfalls nicht.

Mit freundlichen Grüßen

An die PNP, 28.01.21:

Zu: Die Promi-Frisuren im Lockdown

Frau Merkel nimmt also »für Frisur und Makeup die Leistungen einer Assistentin« in Anspruch, selbstverständlich unter Einhaltung der »Handlungsempfehlungen« des RKI. Wissen Sie, wie ich das finde, Frau Merkel? Excuse my French: Zum Kotzen. Und ansonsten hätte ich die dringende »Handlungsempfehlung«, dass Sie Ihren depperten, zerstörerischen Dauerlockdown für Ihre Untertanen auch ganz schnell nur zu einer »Handlungsempfehlung« machen. Sie können froh sein, dass die Zeiten der französischen Revolution vorbei sind – sonst endeten Sie womöglich noch wie Marie-Antoinette.

Mit freundlichen Grüßen

An die TT, 29.01.21:

Zu: Trotz Covid-Bescheid Einkauf erledigt vom 27. Jänner

Wir werden aus dieser Catch-22-Situation der Dauerquarantänen nie rauskommen, wenn man sogar in einem Qualitätsmedium wie der TT Folgendes in Bezug auf eine positive Corona-Testung samt Absonderungsbescheid lesen muss: »Trotzdem hatte die Hochansteckende mehrfach ihre Wohnung verlassen«. Dass ein positiver Coronatest nicht zwangsläufig heißt, dass jemand ansteckend, gar hoch ansteckend ist, sollte sich inzwischen herumgesprochen haben. Wobei es an der Feststellung der Ansteckung ja leider tatsächlich hapert, da der Ct-Wert der Tests niemanden zu interessieren scheint. Und das immer noch und obwohl das Problem schon längst bekannt ist: https://www.sueddeutsche.de/politik/coronavirus-test-ct-wert-umfrage-gesundheitsaemter-1.5057646

Mit freundlichen Grüßen

An die tz, 30.01.21:

Zu: EU-Staaten beschließen striktere Reiseregeln in Europa

Es gibt also striktere Reiseregeln innerhalb der EU. Und – ich zitiere – »Neue Regeln für die Einreise von außerhalb der EU wurden zunächst nicht beschlossen.« Es tut mir leid, aber solche Berichte machen mich wirklich zum VerschwörungsPRAKTIKER. Das ist keine Krankheitsbekämpfung, das ist Krieg gegen das eigene Staatsvolk – in dem Fall das gesamteuropäische. Medien, wo seid ihr? Hinterfragt ihr noch irgendwas?

Mit freundlichen Grüßen

An die tz, 30.01.21:

Zu: 19 Corona-Tote in Heim

Die EU hat also das Reisen innerhalb der EU ein weiteres Mal verschärft – und macht damit ihren Bürgern, insbesondere in Grenzgebieten, das Leben – völlig sinnlos, da nicht zielgerichtet – noch ein wenig mehr zur Hölle. 13 Seiten weiter ein ebenso unscheinbarer Artikel – von denen es in den letzten Wochen – also trotz (oder eher wegen?) des Lockdowns – zahlreiche ähnliche gab: 19 Tote in einem Pflegeheim, Gründe unklar – und ja klar, im Zweifel waren es die Bewohner selber, die die Schuld tragen, denn bei einer Kontrolle kurz vorher habe man keine gravierenden (sic!) Mängel festgestellt. Und ich frage nochmal: Medien, wo seid ihr? Hinterfragt ihr noch irgendwas? Z.B. den kompletten politischen Irrweg der Coronamaßnahmen?

Mit freundlichen Grüßen

An die TT, 30.01.21:

Zu: Zaghafte Öffnung, mehr nicht

Und wieder einmal werden für die völlig falsche Corona-Strategie »die anhaltend hohen Zahlen« ins Feld geführt. Die anhaltend hohen Zahlen von was? Zunächst mal der positiv Getesteten, was angesichts der verrückt hohen Testzahlen (PCR- und Antigentests zusammengenommen ist der aktuelle Stand an Tests in Österreich derzeit, 30.1.21, 9:30 Uhr, 9.286.075), nicht verwunderlich ist – prozentual gab es – mit einigen Unschärfen aufgrund von Nachmeldungen durchaus schon eine Weile einen eindeutigen Trend nach unten. Was für ein Wahnsinnsaufwand (von den daraus folgenden sinnfreien Quarantänen für Symptomlose gar nicht zu sprechen) – hätte man den nicht besser von Anfang an dahin verlagert – und zwar nur dahin – wo es Schutz tatsächlich braucht, in die Alten- und Pflegeheime? Und zum x-ten Mal: Wer positiv getestet ist, ist noch lange nicht infektiös, und krank schon gar nicht. Der Kampf gegen dieses Virus muss endlich auf ganz andere Beine gestellt werden – sonst gibt es nämlich bald niemanden, der noch gesund ist, weder an Leib noch an Seele noch wirtschaftlich.

Mit freundlichen Grüßen

An die TT, 01.02.21:

Zu: Die Jagd auf die 50 – sinnlos oder sinnvoll?

Den Ausführungen von Martin Sprenger kann man nur in vollem Umfang zustimmen: Diese Inzidenzzahlen gehören endlich vom Tisch, sie setzen nämlich immer noch bei der falschen, um nicht zu sagen fatalen, Strategie an, die wie das Kaninchen auf die Schlange auf die Zahl der positiv Getesteten starrt – und das bei einer Infektion, die für die überwiegende Mehrheit symptomlos oder mit milden Symptomen verläuft. Ja, wir müssen die Risikogruppen in den Alten- und Pflegeheimen schützen. Aber ganz sicher nicht, indem wir für ein im wahrsten Sinn des Wortes »Wiederaufleben« dieses Landes utopische Inzidenzwerte zum Maß aller Dinge machen. Wie Martin Sprenger sagt: Wir müssen viel genauer hinsehen und viel stärker differenzieren. Und aufhören müssen wir endlich auch mit völlig überzogenen Quarantänen: Es kann doch wohl nicht sein, dass jemand, der als K1 kategorisiert wird, auch bei negativem Testergebnis 10 Tage in Quarantäne zubringt. Entweder dieser Test ist der behauptete »Goldstandard«, dann sollte negativ auch negativ sein (zumal für bloße Kontaktpersonen!), oder er ist es eben doch nicht. Dann gehört dieser Testmassenwahn endlich beendet – und der Fokus auf den Schutz der Risikogruppen gelegt.

Mit freundlichen Grüßen

An die TT, 02.02.21:

Zu: 9,2 Mio. Impfdosen bis Juli

In dem Artikel ist von der »Bereitschaft« der Menschen zur Impfung die Rede. Ich weiß nicht, ob die wirklich so hoch wäre, würde man nicht einen so hohen fakti-schen Zwang ausüben würde (und dass der auch ge-wollt ist, sieht man ja an den 9,2 Mio. (!) Impfdosen, die man bestellt hat): Ich möchte mich eigentlich nicht impfen lassen – und habe mich jetzt trotzdem ange-meldet. Warum? Weil ohne Testwahnsinn jetzt schon viel nicht mehr und demnächst noch weniger geht (Fri-seur, Fußpflege, in die Arbeit über die Grenze pen-deln, sollten die Gasthäuser jemals wieder aufmachen dürfen, sicher auch der Besuch dort). Bereitschaft zur Impfung? Nein, sicher nicht – systematisch mürbe ge-macht und de facto erpresst trifft es eher.

Mit freundlichen Grüßen

An die TT, 04.02.21:
Zu: Besorgnis über Virus-Mutation
Von den insgesamt 75 »bestätigten Fällen« der Süd-afrika-Mutation sind also noch ganze 5 in Tirol »ak-tiv positiv«. Und das wirft mal wieder die Frage auf: Wie lange wollen wir noch ein ganzes Land auf »Halt« gestellt lassen, wegen »bestätigter Fälle« und »aktiv Positiver«? Was verbirgt sich denn wirklich dahinter? Ist die Variante nun gefährlicher oder nicht? Wie viele der noch »aktiv Positiven« sind ernsthaft erkrankt? Wie ist die Mortalitätsrate? Wir müssen endlich weg von der Zahl der positiv Getesteten als dem einzigen Maß aller Dinge hin zu einem zielgerichteten Risiko-gruppenschutz, der dort und nur dort ansetzt. Aber das scheint gar nicht gewünscht zu sein: Mit Erhöhung der erforderlichen Tests (Pendler, körpernahe Dienst-leistungen) steht der nächste sinnlose Lockdown eh

schon wieder vor der Tür. Und es bleibt die Frage an die Politik: Warum verfolgt ihr diesen Irrweg immer weiter?

Mit freundlichen Grüßen

An die TT, 05.02.21:

Zu: Tirol-Isolation am Prüfstand

Geht's noch? Seit einem Jahr wird mit Corona rumgehampelt – und das sage ich jetzt nicht, um irgendetwas klein zu reden, im Gegenteil. Aber wie lange braucht ihr – und eure tollen Experten, die es offensichtlich nicht schaffen, auch nur ein Jota über ihren Tellerrand zu kucken und auch andere Aspekte als ihre eigenen zu berücksichtigen – eigentlich noch, um diesem Abriegelungs- und Lockdownwahnsinn endlich ein Ende zu machen? Und wenn ich es noch 1000 Mal schreiben muss: Wir müssen weg von dieser Fixation auf die Zahl der positiv Getesteten. Wie geht es denn den auf diese Mutation Getesteten wirklich? Gab es Todesfälle? Warum hört man dazu nix? Schutz da, wo es ihn wirklich braucht – und da ginge noch einiges: Warum z.B. gibt es – neben den unangenehmen und von einigen Leuten aus gesundheitlichen Gründen nicht durchführbaren PCR- und Antigentests – nicht endlich – wenn man schon meint, das sei nötig – flächendeckend eine Anerkennung von Spuck- und »Nasenbohrtests« auch für Erwachsene, die sich zwangstesten lassen müssen? Damit könnte man tatsächlich die Momentaufnahme zu einer halbwegs sinnvollen Momentaufnahme machen. Und warum gibt es nicht endlich flächendeckend Antikörpertests? Das würde endlich mal den Blindflug beenden, wo wir wirklich stehen mit dieser Krankheit.

Mit freundlichen Grüßen

An die TT, 05.02.21:

Zu: S. 5 – Virusmutationen

Aha, sogar der ewige Worst-worst-worst-case-Spezialist Drosten hält die britische Variante inzwischen nur noch für ca. 22 bis 35 Prozent mehr Infektionen verursachend. Eine Spannweite von 22 bis 35 Prozent? Was für eine exakte Wissenschaft – und genau da liegt mit Leuten wie Herrn Drosten und ihrer Dauerpanikmache der Hase im Pfeffer: Jede Verlautbarung der sog. Experten wird sogleich für unverrückbar und eindeutig fix gehalten – statt sich endlich einmal einzugestehen, dass auch die Erkenntnisse der Naturwissenschaften und der Medizin eben nicht in Stein gemeißelt sind. Und daher auch ein besonnenes Vorgehen erfordern.

Mit freundlichen Grüßen

An die TT, 06.02.21:

Zu: Tirol forciert Kampf gegen Mutationen

Und das mit Massentests. Dann ist ja wohl klar, dass die Zahlen – und es werden ja immer nur die absoluten kommuniziert, nie in Verhältnis zu den Tests – wieder steigen werden. Aber das wahre Problem ist doch immer noch das, das wir seit Anbeginn der Erkrankung haben: Was ist damit gewonnen, symptomlose Leute durch Massentests zu »kranken« positiv Getesteten zu machen? Es ist einfach nicht verhältnismäßig. Echter Risikogruppenschutz geht anders. Und Antworten auf die wirklich wichtigen Fragen fehlen sowieso mal wieder: Wie viele der bisher auf die Variante Getesteten sind ernsthaft erkrankt? Wie viele sind verstorben? Sind es relativ mehr als bei der »normalen« Variante?

Mit freundlichen Grüßen

An die TT, 06.02.21:
Zu: Aktionsplan gegen die Corona-Mutationen
Ich zitiere: »Die Zahl der aktiv Positiven sei bei beiden Mutationsvarianten auf jeweils eine Person gesunken«. Mal abgesehen davon, dass mal wieder unbeantwortet bleibt, ob von diesen ergo ganzen zwei Leuten überhaupt einer ernsthaft erkrankt ist: Geht's noch? Wollt ihr Tirol endgültig ruinieren – für nix? In Bayern wird dieser Tiroler Mutationswahnsinn übrigens schon von der Politik massivst instrumentalisiert, um die dortige Bevölkerung weiterhin in Panik zu halten. Ich trage hiermit das Wort »Verhältnismäßigkeit« in Europa endgültig zu Grabe. Cui bono?

Mit freundlichen Grüßen

An die TT, 07.02.21:
Zu: Tag der Entscheidung
Inzwischen sind es also 165 »Fälle« der südafrikanischen Mutation. Allein, kann man wirklich von »Fällen« sprechen, wenn von diesen 165 gerade einmal 8 »aktiv positiv« sind? Womit wir wieder mal bei der Crux in der Bekämpfung dieser Krankheit sind – und der politische Irrweg nimmt einfach kein Ende: Was bitte heißt denn »aktiv positiv«? Die sprachlichen Nebelkerzen, die die Politik und ihre willigen Experten

im Laufe dieser Krise in die Welt gesetzt haben, sind wirklich erstaunlich: Wie viele von diesen 8 sind ernsthaft erkrankt? Gab es Todesfälle? Das sind die entscheidenden Parameter. Alles andere, insbesondere eine weitere Fixation auf die Zahl der positiv Getesteten, wie es ja jetzt mit dem Hochfahren der Tests für Symptomlose leider ein weiteres Mal passiert, wird uns nie wieder aus den Lockdowns bringen. Und wir verschwenden ein weiteres Mal massiv Geld im Gesundheitswesen, das beim direkten Schutz der Leute in den Alten- und Pflegeheimen und beim Ausbau der Intensivpflege wesentlich sinnvoller aufgehoben wäre.

Mit freundlichen Grüßen

An die TT, 07.02.21:

Zu: Genesene können ohne Test zu Friseur und Co.
Bei rund 416.000 positiv Getesteten und rund 9,8 Millionen Corona-Tests gehen die Experten also von einer zwei- bis dreimal so hohen Dunkelziffer an Leuten aus, die das Virus schon hatten. Ich finde es sehr erstaunlich, dass dieser Dunkelzifferwert immer nur so en passant mitläuft, er wirft nämlich einige interessante Fragen auf bzw. würde auch einige interessante Antworten liefern – wenn, ja wenn er denn endlich mal wirklich jemanden ebenfalls interessieren würde: Erstens ist er mal wieder ein Hinweis darauf, dass die Naturwissenschaften, in deren praktisch alleinige Hände wir uns bei der Entscheidung über die Maßnahmen gegen diese Erkrankung begeben haben, eben auch in vielen Fällen nur äußerst grobe Schätzungen abgeben können: Es ist schon ein großer Unterschied,

ob die Dunkelziffer das Doppelte (832.000) oder das Dreifache (1.248.000) betrüge. Zweitens, eine zwei- bis dreimal so hohe Dunkelziffer heißt: Die Krankheit wurde von einem Vielfachen mehr an Leuten als offiziell bekannt durchgemacht – und das symptomlos. Heißt, diese Krankheit ist ein Mehrfaches weniger gefährlich als offiziell kommuniziert. Und: Damit liegt auch die tatsächliche Mortalitätsrate ein Mehrfaches unter dem offiziellen Wert. Und dafür fahren wir ein ganzes Land an die Wand? Drittens, warum erheben wir diese – für eine realistische Einschätzung dieser Erkrankung – so wichtige Kennzahl nicht endlich durch flächendeckende Antikörpertests? Gibt es daran nicht genug zu verdienen? Oder ginge dem politischen Bekämpfungsirrweg damit womöglich endgültig die Luft aus?

Mit freundlichen Grüßen

An die TT, 07.02.21:
Zu: Neue Strategien für Altenheime
Es gibt also einen zuverlässigen Speicheltest? Wenn man schon an dem Wahnsinn von Massentests festhalten will (ob das sinnvoll ist, ist eine andere Frage): Warum bitte wird dann nicht sofort – und zwar nicht nur für das Personal in Pflegeheimen, sondern für alle, die sich zwangstesten lassen müssen (und das sind inzwischen verdammt viele) – auf diese nicht-invasive Testart umgestellt? Wem nutzt es (außer den Testherstellern) beim wirklich üblen Nasen-Rachen-Abstrich zu bleiben?

Mit freundlichen Grüßen

An die TT, 08.02.21:
Zu: Infektionen in Tirol auf S. 3
Es hängt sicherlich auch von der genauen Uhrzeit ab, wann man auf die Zahlen zugreift, aber so ganz kann ich die 1.170 aktuell Infizierten in der heutigen TT nicht nachvollziehen. Laut www.sozialministerium.at gab es in Tirol (Stand 08.02.21, 15.00 Uhr) bisher insgesamt 45.384 »bestätigte Fälle«. Wenn ich davon die 44.239 Genesenen (Stand ebenfalls 08.02., allerdings wie immer nur von 9.30 Uhr) abziehe, komme ich auf 1.145. Abziehen muss man ja aber auch noch – so traurig es ist – die 546 Todesfälle (Stand ebenfalls 08.02., 9.30 Uhr). Macht nach meiner Rechnung 599 aktuell Infizierte. 599 versus 1.170 ist ein Unterschied, der sich m.E. nicht mit ein paar Stunden Zugriff hin oder her erklären lässt. Woran liegt's?
  Mit freundlichen Grüßen

An die PNP, 09.02.21:
Zu: Nächster Teil der Lockdown-Serie
Es wird wohl eine unendliche Geschichte werden, hoffentlich nicht so lange, bis Frau Merkel und Herr Söder endlich von der politischen Bildfläche verschwinden. Wenn ich Herrn Söder schon reden höre, dass angesichts der südafrikanischen Mutationen in Tirol Grenzschließungen kein Tabu mehr seien, dann kann ich als Bayer in Tirol mich wirklich nur noch schämen: Hat denn wirklich schon mal jemand systematisch die Positivenquoten der Pendler untersucht? Sind sie höher als im sonstigen Schnitt? Ich traue mich wetten: Diese Zahlen gibt es gar nicht. Aber immer hübsch hetzen.

Sogar der Ober-Zauberlehrling Drosten musste inzwischen zugeben, dass die Ansteckungsgefahr durch die Mutation bei weitem nicht so hoch ist wie anfangs angenommen (so viel zur Absolutheit naturwissenschaftlicher Erkenntnisse). Im Übrigen hängen die Sequenzierungen erheblich nach, d.h. wir reden im Regelfall von bereits vergangenen Fällen – und nur wenigen noch »aktiv Positiven«. Panik mit Zeitverzögerung sozusagen. Ist das Krankheitsbekämpfung? Nein, ganz sicher nicht. Kuckt auf die Todesfälle – und setzt dort, wo sie vorkommen, endlich (!) die Problemlösung an – und nur dort.

Mit freundlichen Grüßen

An die PNP, 09.02.21:

Zu: Wer gilt als Corona-Toter und wer nicht?

Aha, also alles Verschwörungstheorien? Eben nicht: Der wichtigste Hinweis auf zu hohe, um nicht zu sagen verfälschte, Todeszahlen findet sich nämlich in der folgenden, unauffälligen Passage: »Wenn die Person aber an Herzversagen verstorben ist, z.B. eine Woche nach der Covid-Diagnose, dann sollte »verstorben aufgrund anderer Ursache« bei dem Fall eingetragen werden. Sprich, der Tote wäre dann »mit« Corona verstorben.«

Also nochmal in ganz klaren Worten: Wer in zeitlicher Nähe zu einem positiven Testergebnis an Herzversagen (oder an was ganz anderem, was auch immer das ist) verstirbt, zählt als Corona-Toter. Ergo: ein positives Testergebnis ist eben in diesen Fällen das einzige, was zählt – und sticht die wahre Todesursache aus! Und darf man sich dann sehr wohl fragen: Warum wird das bei dieser Erkrankung – und nur bei dieser – so gemacht? Cui bono?

Mit freundlichen Grüßen

An die TT, 10.02.21:

Zu: Testpflicht bei Tirol-Ausreise

Mal abgesehen davon, dass einen der Unterschied zwischen zunächst 293 »bestätigten« Fällen und dann letztlich doch nur 163 schon ins Grübeln über die Validität der Datenbasis für diese (und andere) Pandemie-Entscheidung bringen kann: Es fehlt mal wieder eine wichtige Info, da man ja wohl davon ausgehen kann, dass die Sequenzierung mit zeitlicher Verzögerung erfolgt: Wie viele dieser »Fälle« sind denn überhaupt derzeit noch »aktiv positiv«? Ist die Wahrheit nicht, dass wir hier über eine Panikmache mit Zeitverzögerung reden, weil die meisten Fälle gar nicht mehr aktuell sind? Und die ewige weitere Frage: Wie viele davon sind ernsthaft erkrankt?

Mit freundlichen Grüßen

An die TT, 13.02.21:

Zu: Reiseverbot für 5.000 Pendler

Wunder ist das allerdings keines: Wenn die österreichische Regierung der deutschen, die ja eh komplett dem Corona-Wahnsinn verfallen ist, mit der eigenen Abriegelung eines Bundeslandes eine solche Steilvorlage liefert, ist es doch fast zwangsläufig, dass die auch genutzt wird. Ansonsten finde ich übrigens das Wort »Reiseverbot« für die Lage der Betroffenen absolut nicht angemessen: Es geht eben nicht um Reisen, sondern um den Broterwerb. Herzlichen Dank an alle Beteiligten für einen weiteren Schritt bei der Zerstörung zahlreicher Existenzen.

Mit freundlichen Grüßen

An die TT, 16.02.21:
Zu: 65.000 Tests pro Woche, 6 positiv
0,0185 % der Pflichtschüler wurden also positiv getestet. Und gerne zur Erinnerung: Positiv getestet heißt noch lange nicht ansteckend und schon gar nicht erkrankt. Mit Symptomen traut sich in Zeiten wie diesen sicher eh niemand in die Schule, heißt also die 0,0185 % waren symptomfrei. Die Gefahr, sich bei Symptomlosen anzustecken, liegt ebenfalls im Promillebereich. Braucht es noch eine Zahl, um endlich jedem klar zu machen, was für ein im wahrsten Sinne kranker Wahnsinn hier läuft? Kümmert euch um die Risikogruppen in den Alten- und Pflegeheimen. Beim Rest bleibt wirklich mal wieder die Frage: Cui bono? Dem Volk jedenfalls nicht. Das Wort Coronadiktatur ist für das, was hier passiert, jedenfalls so falsch nicht mehr.

Mit freundlichen Grüßen

An die tz, 20.02.21:
Zu: Keine freie Impfwahl
Ein Impfangebot ist laut Herrn Spahn also ein Privileg? Nein, Herr Spahn, in Zeiten einer wildgewordenen Regierung, die bei der Bekämpfung dieser Erkrankung immer noch auf völlig überzogene Lockdowns setzt,

es aber – siehe Leipzig und viele andere Orte – nach einem Jahr immer noch nicht schafft, die wirklichen Risikogruppen zu schützen, und man sich langsam echt fragt, ob sie das überhaupt will, ist eine Impfung kein Privileg, sondern so ziemlich das letzte Recht, das wir noch haben.

Mit freundlichen Grüßen

An die TT, 20.02.21:
Zu: Teamwork ist wichtig, nicht Eitelkeiten
Herr Anschober, wenn es Ihnen so wichtig ist »dass Pendler nicht bestraft werden und sie zu ihrem Arbeitsplatz kommen«, warum hört man dann so wenig davon? Insbesondere an die nicht-systemrelevanten Pendler scheint niemand zu denken – doch auch für die ist ein Homeoffice oft gar nicht oder jedenfalls nicht auf längere Dauer (nach der es angesichts des getriebenen Aufwands aber aussieht) möglich. Und zum Thema Teamwork und Eitelkeiten: Ohne die Kurz'sche Steilvorlage an Deutschland, ohne wirklichen Grund ein eigenes Bundesland abzuriegeln (und diesen Wahnsinn jetzt auch noch zu verlängern), hätten wir das Problem wahrscheinlich gar nicht.

Mit freundlichen Grüßen

An die TT, 25.02.21:
Zu: Hätti, wari, täti ...
Laut Herrn Rizzoli ist testen so wichtig, weil von 238 »aktiv Positiven« (ein Wort, das die Absurdität dieser Krankheitsbekämpfung schon andeutet: Gibt es auch »passiv Positive«?) 100 keine Symptome hätten. Es

sollte endlich anders ein Schuh draus werden: Wer keine Symptome hat, ist nicht krank. Warum wird nicht endlich thematisiert, wie es mit der Ansteckungsgefahr der Symptomfreien tatsächlich aussieht? Weil sich dann dieser Irrweg nicht mehr aufrechterhalten ließe? Risikogruppenschutz muss bei den Risikogruppen ansetzen, nicht bei Quarantäne für Symptomlose.

Mit freundlichen Grüßen

An die TT, 25.02.21:
Zu: Die Liebe stößt an Grenzen
Was hier derzeit passiert, hat mit sinnvoller Krankheitsbekämpfung nichts, aber auch gar nichts zu tun: Glaubt jemand wirklich ernsthaft, diese Paare am Zusammentreffen zu hindern, verhindert auch nur einen Todesfall in einem Alten- und Pflegeheim? Damit ist eines der Stiefkinder der Pandemie, die Verhältnismäßigkeit, wohl endgültig den Bach runtergegangen. Diese unselige Quarantänepflicht muss ein Ende haben. Übrigens nicht nur für Paare, sondern auch für andere Gruppen wie z.B. nicht-systemrelevante Pendler. Wie kann es sein, dass man die Berufsgruppen so spaltet und Menschen am Broterwerb hindert?

Mit freundlichen Grüßen

An die TT, 26.02.21:
Zu: EU-Impfpass soll kommen
»Trotz derzeit steigender Infektionszahlen«. Wirklich? Trotz mehr positiver Tests bestenfalls, aber steigen die Zahlen wirklich, wenn man sie in Relation zu den Tests setzt? Gestern Abend ließen sich aus den Zahlen auf

www.sozialministerium.at folgende Werte berechnen: Stand 25.02.21: 14.209.576 Tests gesamt, 450.307 bestätigte Fälle gesamt = 3,17 %. (Diese Prozentzahl gesamt sinkt übrigens kontinuierlich). 2.395 neue Fälle bei 268.901 (!!!) neuen Tests = Positiventagesquote 0,89 %. 1.291 Hospitalisierte, davon 251 auf Intensiv. 0,89 % positive Tests (Antigen und PCR). Das Stiefkind in dieser Pandemie, die Verhältnismäßigkeit, sie ruhe in Frieden.

Mit freundlichen Grüßen

An die TT, 27.02.21:

Zu: FP-Bundesrat entgleist verbal

Es ist also ein massives politisches Über-die-Stränge-Schlagen, wenn Christoph Steiner sagt, dass man mittlerweile leichter als illegaler Migrant ins Land käme als als Mayrhofner nach Ramsau? Es mag für die Verhältnisse innerhalb Österreichs etwas übertrieben sein, aber: Als nicht-systemrelevanter Pendler von Tirol nach Bayern, der von seinem eigenen Geburtsland 10 Tage in Quarantäne geschickt würde, wenn er sich denn überhaupt noch über die Grenze traute, kann ich nur sagen, dass ich in den letzten Wochen sehr häufig darüber nachgedacht habe, ob mir das Wort »Asyl« und eine andere Staatsangehörigkeit als die deutsche nicht mehr Türen öffnen würde. Und das kann es ja wohl wirklich nicht sein.

Mit freundlichen Grüßen

An die TT, 27.02.21:

Zu: Blaulicht öffnet Grenzbalken

So sehr ich es den Feuerwehrlern gönne, dass die Beamten an der Grenze den Ermessensspielraum ausreizen: Spätestens, wenn ich lese, dass der Rosenheimer Feuerwehrkreisbrandrat nun ein Schreiben des Innenministeriums in der Hand hat, das den bayerischen Feuerwehrlern die problemlose Rückkehr garantiert, bekomme ich als nicht-systemrelevanter Pendler wirklich die Wut: Da geriert sich ein Herr Söder als Mutationswächter par excellence, derweilen wird an vielen Stellen die Verordnung (zu Recht) ausgehöhlt, nur diejenigen, die keine Lobby haben, schauen weiterhin in die Röhre (und demnächst wohl beim AMS vorbei).

Mit freundlichen Grüßen

An die TT, 28.02.21:

Zu: Mayrhofen testet sich frei

Fällt eigentlich niemandem mehr auf, welcher perversen Sprache (wenn nicht gar welches perversen Vorgehens) wir uns in dieser Krankheitsbekämpfung bedienen? »Mayrhofen testet sich frei«. Na, super. Und um weiter zu zitieren: »Der erste Tag der strikten Corona-Maßnahmen hat Wirkung gezeigt«. Weil 1.900 Leute sich haben testen lassen. Ja, nochmal super: Man hat doch keine Wahl mehr, wenn man sein Leben noch halbwegs weiterleben will. Und das, um 12 positive Symptomfreie zu finden. Macht 0,63 %. Risikogruppenschutz muss anders gehen – und täte das auch – man müsste nur wollen. Die Mittel wären jedenfalls da, denn die verbrät man ja gerade mit der Abriegelung und den Massentests. Wie lange soll dieser Unfug noch weitergehen? Ändert endlich eure Strategie.

Mit freundlichen Grüßen

An die TT, 28.02.21:

Zu: Corona-Selbsttest für Oberstufe und Lehrer

Manchmal muss man sich wirklich fragen, ob Corona nicht doch – und das ganz ohne Infektion – das Hirn angreift. Da wird also, um auf Biegen und Brechen die Versorgung sicherstellen zu können, ein neuer Test angekauft, der Asymptomatische nur zu 41 % erkennt. Ich dachte, das sollte der Zweck dieser Tests sein? Und teurer ist er dann auch noch? Und den Tiroler Bildungsdirektor stört das auch nicht, »weil ja das Bildungsministerium zahlt«. Ja, seid ihr denn von allen guten Geistern verlassen?

Mit freundlichen Grüßen

An die tz, 03.03.21:

Zu: Merkels Plan ab Montag

Gerne zum x-ten Mal: die Inzidenzwerte wurden ursprünglich für die Bekämpfung einer wesentlich ansteckenderen Krankheit (Masern) eingeführt – und auch da kann man über die Sinnhaftigkeit streiten. Wenn es aber noch ein (weiteres) Beispiel für die völlige Willkür der meisten Maßnahmen braucht: Während sonst die 7-Tages-Inzidenz das Maß aller Dinge ist, greift die »Notbremse« schon bei einer Steigerung nach 3 Tagen. Geht's noch, Frau Merkel? Nein, das tut es schon lange nicht mehr.

Mit freundlichen Grüßen

An die TT, 14.03.21:

Zu: Keine Entscheidung zu Öffnungsschritten

Wegen 3.000 Neuinfektionen pro Tag bleiben wir also weiterhin im Dauerlockdown? Nichts anderes ist das nämlich seit Dezember (wieder) – was bisher an Öffnungsschrittchen lief, dient doch nur dazu, die immer noch erstaunlich passiven »Untertanen« bei Laune zu halten. Und zu den 3.000 Neuinfektionen mal wieder keine Info dazu, wie viele tatsächlich behandlungsbedürftig erkrankt sind. Geschweige denn, dass man irgendwo die zugehörigen Testzahlen läse: Stand 13.03.21: 18.178.608 Tests gesamt, 489.089 bestätigte Fälle gesamt = 2,69 %. 2.989 neue Fälle bei 271.761 neuen Tests = Positiventagesquote 1,10 % 1.639 Hospitalisierte, davon 360 auf Intensiv. Stand 12.03.21: 17.906.847 Tests gesamt, 486.100 bestätigte Fälle gesamt = 2,71 %. 3.037 neue Fälle bei 357.890 (!!!) neuen Tests = Positiventagesquote 0,85 %. 1.609 Hospitalisierte, davon 348 auf Intensiv. (Quelle zum Rausrechnen: www.sozialministerium.at, jeweils am Abend des genannten Tages). Und mal wieder ganz generell zur Strategie: Könnte vielleicht nach über einem Jahr mal jemand zumindest ansatzweise (!) darüber nachdenken, dass diese ganze Dauerschließerei vielleicht doch nix bringt außer unsägliche Kollateralschäden? Nur mal so ansatzweise?

Mit freundlichen Grüßen

An die TT, 14.03.21:
Zu: Die Wärme bringt das Virus nicht um
Ein interessanter Satz von Herrn Nowotny im Interview – wichtig wäre, dass die Politik daraus endlich die richtigen Schlüsse zöge (was sie – siehe die Aussage von Rendi-Wagner auf derselben Seite leider nicht tut): »Viren werden prinzipiell infektiöser, aber

nicht gefährlicher.» Welchen Schluss sollte man ergo sinnvollerweise daraus schließen? Da es logisch ist, dass sich mit prinzipiell infektiöseren Viren mehr Leute anstecken, müssen wir – endlich – schnellstens weg davon, steigende Infektionszahlen per se für ein Problem zu halten: Entscheidend kann nur sein: Inwieweit führen diese infektiöseren Varianten tatsächlich auch zu mehr schlimmen Verläufen? Das dürfte sich aber – angesichts der zweiten Hälfte des Satzes (»nicht gefährlicher«) – in Grenzen halten. Was wieder einmal für den längst fälligen Strategiewechsel hin vom containment zur mitigation spräche. Aber den werde ich wohl in meinem Leben nicht mehr erleben.

Mit freundlichen Grüßen

An die TT, 17.03.21:

Zu: Wir können von Israel lernen

Der israelische Präsident Reuven Rivlin besucht also Herrn Steinmeier und Herrn Van der Bellen – in personam. Welch ein Zynismus dem Volk gegenüber denkt sich der nicht-systemrelevante Pendler aus Tirol, der seit viereinhalb Wochen seinen Arbeitsplatz in Bayern nicht mehr gesehen hat und vergießt ein paar weitere Tränen.

Mit freundlichen Grüßen

An die TT, 19.03.21:

Zu: Grenze bleibt zu, Tirol fassungslos

Fassungslos bleiben vor allem Leute wie ich als nicht-systemrelevanter Pendler, der offensichtlich mehr über die Voraussetzungen zum Grenzübertritt weiß als der deutsche Innenminister: Herr Seehofer sagt nämlich tatsächlich: »Es ist wirklich keine Zumutung, in einer Pandemie einen Negativtest zu verlangen.« Könnte den Herrn bitte jemanden aufklären, dass es damit für Tiroler bei weitem nicht getan ist? Man bleibt jeden Tag ein wenig fassungsloser zurück.

Mit freundlichen Grüßen

An die TT, 19.03.21:
Zu: Kurz hofft auf Aus für Grenzkontrollen
Das ist ja ein Burner-Ergebnis des Treffens mit Herrn Seehofer (und nur mal so gefragt: Muss man dafür wirklich nach Berlin?): Herr Kurz erwartet also, »dass Deutschland in den nächsten ein oder zwei Wochen die Grenzkontrollen beendet«. Wenn ich richtig rechne, also zwischen dem 26. März und dem 2. April. Die Verordnung gilt derzeit bis 31. März. Sauber verhandelt, Herr Kurz (Ironie off).

Mit freundlichen Grüßen

An Alois Schöpf, Kolumnist in der TT, 20.03.21:
Zu Ihrem Artikel: Vor Angst gestorben
Sehr geehrter Herr Schöpf,
ich bin sehr geneigt, Ihrem Satz »In einer Gesellschaft der narzisstischen Weicheier scheint in Vergessenheit geraten zu sein, dass das Leben nicht ein Hollywood-Film ohne Nebenwirkungen und mit Happy End ist.« zuzustimmen. Allein, warum gilt das, was jetzt für die Nebenwirkungen der Impfungen gelten soll, eigentlich nicht für den Umgang mit Corona? Oder um in Ihrem Bild zu bleiben: Ein Haufen narzisstischer Weicheier (vulgo: Politiker) fährt seit einem Jahr mit einer »Nur-

kein-Risiko-eingehen-und-schon-gar-keine-Verant-wortung-dafür-übernehmen«-Strategie (die noch dazu die wirklichen Risikogruppen lange in keinster Weise im Blick hatte und weiterhin v.a. unsagbare Kollateral-schäden produziert) das Land an die Wand. Wir müs-sen aber endlich lernen, dass es auch im Umgang mit Corona eine Risikoabwägung braucht, damit wir unser aller Leben wirklich noch Leben nennen können – und nicht nur: Dahinvegetieren im Dauerlockdown.

Mit freundlichen Grüßen

An die TT, 20.03.21:

Zu: Unterrichtsform nach Ferien vermutlich regional aufgeteilt

Die Zahl der positiv Getesteten unter den Jugendli-chen steigt also an. Wie kann das sein, wenn die Po-sitiventagesquote der schulischen Selbsttests gleich bleibt? Ist die Gesamtzahl der bei den Jugendlichen durchgeführten Tests gestiegen? Dann sollte man die scheinbare höhere Zahl an »Fällen« schleunigst in Ver-hältnis zu den Tests setzen statt wieder mal alles von einer absoluten Zahl ohne Relation abhängig zu ma-chen. Die wichtigste Frage bleibt aber mal wieder un-beantwortet: Wie viele der 2.850 Betroffenen haben Symptome? Und wenn ja, welche?

Mit freundlichen Grüßen

An die TT, 20.03.21:

Zu: Wir sind in der 3. Welle

Nein, ich werde jetzt nichts dazu schreiben, dass das für mich ein Hinweis ist, dass die Maßnahmen fast alle

138

(außer Abstand und Handhygiene) für die Fisch sind. Was ich mir aber wünschen würde, wäre, dass die Politiker wenigstens innerhalb ihrer Corona-Wahnsinns-Welt logisch handeln würden: Die britische Variante ist also die ansteckendste von den dreien, die ständig in der Presse auftauchen – und was macht die Politik: »Während wegen der Mutationen das Landeverbot für Flüge aus Brasilien und Südafrika bis 4. April verlängert wurde, dürfen Flugzeuge aus Großbritannien ab Montag wieder in Österreich landen.« Finde den Fehler.

Mit freundlichen Grüßen

An die TT, 21.03.21:
Zu: Lage entwickelt sich höchst unterschiedlich
Herr Klimek ist also Komplexitätsforscher. Jemand, der nur Corona im Blick hat, mag vieles sein. Ein Komplexitätsforscher aber ganz sicher nicht, dazu ist die menschliche Existenz nämlich viel zu komplex.

Mit freundlichen Grüßen

An die TT, 21.03.21:
Zu: Sommer mit Reisefreiheit
Als nicht-systemrelevanter Pendler, der wegen der derzeit geltenden Einreiseregeln nach Deutschland demnächst wohl arbeitslos sein wird, hoffe ich zumindest für die Mitbetroffenen mit etwas längerem Atem, dass man bei der Diskussion um die rechtlichen Fragen des grünen Passes vor lauter Nachdenken über den Urlaub die nicht wieder vergisst, für die es beim Grenzübertritt um die nackte Existenz geht.

Mit freundlichen Grüßen

An die TT, 23.03.21:

Zu: Herzpatient an der Grenze gestoppt

Ganz kurz: Es geht um jedes einzelne Leben, gell, Herr Söder?

Mit freundlichen Grüßen

An die TT, 25.03.21:

Zu: Überschattet Impfstreit EU-Gipfel?

Im Artikel ist die Rede davon, dass »die Auslieferung der Impfdosen an die Mitgliedsländer nicht nach Bevölkerungsschlüssel, sondern nach Bestellmenge erfolgt« sei, und dass »Österreich bei der Impfstoffbeschaffung insgesamt nicht so schlecht« dastehe. Aha, mehr Aufschluss (z.B. wie viele Impfdosen im Verhältnis zur Bevölkerungszahl denn nun von den Bestellungen schon geliefert sind) erhofft man sich von der Grafik zum Bericht – nur um schwer enttäuscht zu werden: Der Prozentanteil der verschiedenen Impfstoffe an den gesamten Lieferungen – ohne die tatsächlichen Liefermengen je Land auch nur aufzuführen? Das könnt ihr doch besser.

Mit freundlichen Grüßen

An die TT, 26.03.21:

Zu: Deutschland dürfte Grenze wieder öffnen

Am Sonntag (nota bene: der 28.03.) könnte es also soweit sein, dass die Grenze wieder aufgeht. Mal abgesehen davon, dass damit bei weitem nicht alles (und zwar von beiden Seiten) vom Tisch sein wird (Einreiseanmeldung, Zwangstests): Das wird uns dann sicher als ganz toller politischer Erfolg des gegenseitigen

Einvernehmens und der Vernunft verkauft werden (von beiden Seiten). Allein: 3 Tage später (am 31.03.) endete die Verordnung sowieso.

Mit freundlichen Grüßen

An die TT, 27.03.21:

Zu: Das darf es nicht mehr geben

Und was es auch endlich nicht mehr geben sollte, ist das Dauer-Coronaspielchen »absolute Zahlen« ohne Relation zu einem Basiswert. Das Corona-Infektionsgeschehen nimmt also wieder deutlich zu? Mit knapp 4.000 Neuansteckungen. Mal abgesehen davon (auch ein ewiges Coronaspielchen), dass das erstmal nur positiv Getestete sind: Am Freitag gab es auch den Wahnsinnshöchststand von 486.632 neuen Tests. Macht eine Positiventagesquote von weit unter einem Prozent. Ja, mit Antigentests – aber wenn die schon so entscheidend sind in der Pandemiebekämpfung, dann zählt sie bitte auch mit.

Mit freundlichen Grüßen

An die TT, 29.03.21:

Zu: Tirol muss sich wieder freitesten

240 positiv Getestete auf 100.000 Einwohner. Und die ewige Frage: Bei wie vielen Tests? Die Inzidenzen wurden – jedenfalls in Deutschland – vor einigen Jahren für die Bekämpfung einer vielfach ansteckenderen Krankheit als Corona eingeführt (Masern) – und v.a. auch für eine, bei der man, um als krank definiert zu werden, wirklich Symptome brauchte – und nicht nur einen Test oder gar eine völlig überzogene Kontaktpersonenquarantäne.

Die Cluster bilden sich also im privaten Bereich. Oh Wunder, sehr viel mehr bleibt ja auch nicht mehr übrig in Zeiten wie diesen, in denen man ernsthaft (ernsthaft?) auch noch über immer mehr Sperren im öffentlichen Außenraum nachdenkt. Wäre es nicht sinnvoller, mal genauer hinzusehen? Sind die Privaten-Cluster-Personen wirklich die, die auf den Intensivstationen landen? Oder fürchten wir uns – ähnlich der ersten Welle, wo man Schulen geschlossen hat, während man die Probleme in den Alten- und Pflegeheimen eben gerade nicht gelöst hat – sozusagen mal wieder an der falschen Stelle zu Tode?

Mit freundlichen Grüßen

An die TT, 30.03.21:

Zu: Neue Form des Briten-Virus führt zu Ausreisetestpflicht

»Allein in der Festungsstadt sind 70 Personen Corona-positiv.« Ja, das macht – in der hypothetischen (!) Hochrechnung auf 100.000 Einwohner – eine Inzidenz von ca. 350. Das macht aber gleichzeitig eine Positivenquote (auf die tatsächlichen rund 20.000 Einwohner gerechnet) von 0,35 %. Dieser Tanz um das goldene Inzidenzkalb muss endlich ein Ende haben.

Mit freundlichen Grüßen

An die TT, 30.03.21:

Zu: Anschober drängt Länder zur Osterruhe

Wenn ich das richtige verstehe, haben laut Frau von Laer jetzt doch auch die britische und die südafrikanische Variante die Eigenschaft der neuen britischen, nämlich dass sie zu einem geringeren Impfschutz führen. Das klang aber vor 2, 3 Wochen noch ganz anders. Kein Problem, auch Naturwissenschaft und Medizin entwickeln sich – Gottseidank – weiter. Womit ich aber schon ein Problem habe: Mit den geradezu gottgleichen Verkündigungen tatsächlicher oder auch nur vermeintlicher Experten, mit denen sie uns – in trauter Zusammenarbeit mit der Politik – seit einem Jahr mit nicht unwesentlichen Einflüssen auf unser aller Leben verfolgen. Wäre da, statt den jeweils derzeitigen Stand als der absoluten Weisheit letzter Schluss zu verkaufen, der nicht hinterfragt werden darf, nicht etwas mehr Zurückhaltung und Vorsicht angebracht?

Mit freundlichen Grüßen

An die TT, 01.04.21:

Zu: Mobilität zu Ostern beschränken

Die Experten rechnen also »weiter« mit im Schnitt rund 3.800 Corona-Neuinfektionen (vulgo: erst mal nur positiv Getesteten). Nur eigenartig, dass dieser Wert, bis auf einen Ausreißer-Tag mit über 4.000, an dem übrigens die Testzahl dafür extrem niedrig war, was eher für irgendeinen Meldungsverzug spricht, in letzter Zeit und das bei – ebenfalls im Schnitt – exorbitanten Testzahlen nie erreicht wurde. Noch mehr Staunen macht aber, dass mit einem Drittel der Gesamtkapazität im Intensivbereich die »systemkritische Auslastungsgrenze« bereits überschritten wäre. Haben wir wirklich ein Corona-Problem – oder ein generelles Kapazitätsproblem? Dann sollte man aber so ehrlich sein, Corona aus dem Spiel zu lassen.

Mit freundlichen Grüßen

An die tz, 03.04.21:

Zu: Karte mit den Risikogebieten in Europa

Ich finde die Darstellung sehr symptomatisch für das, was Deutschland in dieser Krise federführend verursacht hat – einen Dauerlockdown für halb Europa. Und man selber ist – als Biedermann sozusagen – außen vor: Warum wird Deutschland in grau dargestellt? Alle ein Problem, nur der wahre »Problembär« Europas hat keines? Wenn das RKI nicht vor über einem Jahr mit diesem nationalistischen Risikogebiets-Scheiß (excuse my French, aber nach einem Jahr sinnlosen Schwachsinns ist Schluss mit höflich) angefangen hätte, und damit gerade in Grenzregionen (und das als Land mit so vielen Nachbarn!) nicht unsägliches Leid produziert hätte, hätte man vielleicht vernünftige, gemeinsame Lösungen finden können. Stattdessen geht der Wahnsinn weiter. Das muss ein Ende haben – aber Deutschland war leider selten für Revolutionen gut.

Mit hoffnungslosen Grüßen

An die TT, 04.04.21:

Zu: In 100 Tagen erste Impfung für alle

In 100 Tagen also eine erste Impfung für alle, die das wollen? Klingt gut, da es an die 100-Tage-Erfolgsbilanzen erinnert, die die Politik ja gerne aufstellt. Allein, man sollte – wie öfters in dieser Krise – mal wieder nachrechnen: 100 Tage sind über 3 Monate, mehr als ein Vierteljahr. Klingt nicht mehr so gut? Überraschung.

Mit freundlichen Grüßen

An die TT, 08.04.21:

Zu: Lebenserwartung nimmt ab

Die Lebenserwartung hat also »corona-bedingt« abgenommen. Wirklich »corona-bedingt« – oder umfasst das auch die »Kollateralschäden« durch nicht oder zu spät behandelte andere Krankheiten, mehr Suizide und Ähnliches? Was aber noch interessanter ist: In Finnland und Dänemark scheint die Lebenserwartung trotzdem leicht gestiegen zu sein. Was machen die anders? Könnte man was lernen?

Mit freundlichen Grüßen

An die TT, 08.04.21:

Zum Leserbrief von (aus Datenschutzgründen nicht dargestellt)

Entschuldigung, aber darauf muss ich reagieren. Ich zitiere: »Dabei (damit ist ein verpflichtender Antigentest gemeint) würden in der ersten Testreihe alle Virenträger erfasst und über die nachfolgende Quarantäne unschädlich gemacht«. Unabhängig vom Inhalt des Briefs: Wo bitte sind wir gelandet, wenn so eine Wortwahl einfach so hingenommen wird?

Mit freundlichen Grüßen

An die tz, 10.04.21:

Zu: Schulen auf, Stadt sauer

Mal abgesehen davon, dass die Schulen generell offen sein sollten, weil das ein Wahnsinn ist, was wir hier der nächsten Generation zumuten (und die Schließung den Risikogruppen nix, aber auch gar nix bringt): Wenn die Stadt so sauer ist, warum hat sie dann nicht den

Arsch in der Hose zu sagen: Wir machen nicht auf. Jeder redet sich auf jeden raus – und die – völlig idiotischen – Inzidenzwerte, die uns im Dauerlockdown halten werden, werden umtanzt wie das goldene Kalb. Hauptsache, man selber ist für nichts verantwortlich.

Mit fassungslosen und ebenso verzweifelten Grüßen

An die tz-Redaktion, 10.04.21:

Antikörper-Recherche

Liebe tz,

könntet ihr mal was recherchieren (ich meine, so wirklich – ohne staatliche Pressemeldung)?

Die – leider nur äußerst spärlichen – Antikörperstudien haben ja in den untersuchten Orten sehr hohe Werte ergeben an Leuten, die die betreffenden Antikörper, also auch die Krankheit, schon hatten. Ohne es zu wissen. Heißt, symptomlos, heißt unterm Strich, diese Krankheit ist – wenn man diese Zahlen einbezieht – erheblich weniger gefährlich als kommuniziert. Und jetzt gehen wir mal davon aus, dass – was wir ja leider nicht wissen – diese Krankheit schon sehr viel mehr Leute überhaupt hatten als gedacht. Und die gehen jetzt testen. Soweit ich weiß, sollen Leute, die innerhalb der letzten Monate Corona hatten, nicht testen gehen (auch wenn sie das z.B. weil sie Pendler sind, eigentlich müssten). Warum? Weil der Test positiv anschlagen würde. So, und jetzt stellen wir uns weiter vor, wir testen immer mehr und wir testen natürlich auch immer mehr Leute, die unwissentlich Antikörper haben. Die testen also dann positiv. Die Positivenquote steigt. Gefahr? Ich würde sagen, nein – lediglich eine immer höher werdende Panik samt Dauerlockdown.

Bitte widerlegen – wenn ihr könnt.

Mit freundlichen Grüßen

An die TT, 10.04.21:

Zu: Corona international in Kürze

In Deutschland stirbt also jeder 5. Intensivpatient unter 50 und jeder zweite über 50. Arg, aber: Auch hier fehlt mal wieder, was bei Corona-Berichten immer fehlt: die Relation. Sind diese Werte corona-spezifisch höher als bei sonstigen Intensivpatienten? Ich würde nicht darauf wetten. Und falls doch letzteres: Liegt das wirklich an der Krankheit oder sollte man nicht einmal die dortige Therapie unter die Lupe nehmen? Es gibt durchaus Mediziner, die sagen, man habe sich mit einer – von Italien abgeguckten – sehr frühen Intubation auf einen falschen Weg begeben. Und es gäbe auch hier bessere.

Mit freundlichen Grüßen

An die TT, 10.04.21:

Zu: Geimpfte und Genesene, bitte warten

Was braucht es eigentlich noch alles, bis die Mehrheit in diesem Land zu den zahlreichen Corona-Irrwegen »Halt, Stopp« sagt? Österreich will also Testweltmeister bleiben mit 300.000 Tests pro Tag, davon die überwiegende Mehrheit übrigens Antigentests an Symptomlosen (Das hieß in besseren Zeiten: Gesunden), bei denen die Positivenquote im Promillebereich liegt und wirklich zu vernachlässigen ist, wenn man nicht gerade Anhänger der völlig irrwitzigen »No-Covid«-Strategie ist. Honorarkosten pro Test laut Bericht: 25 Euro – oder 7,5 Millionen Euro pro Tag (!!) Macht bei 365 Tagen im Jahr also über 2,7 Milliarden jährlich alleine dafür. Vom sonstigen Infrastrukturaufwand dafür ganz zu schweigen. Wie viel sinnvoller wäre es doch, dieses Geld direkt in die Ertüchtigung des Gesundheitswesens zu stecken. Aber daran scheint man wohl nicht so gut zu verdienen.

Mit freundlichen Grüßen

An die TT, 11.04.21:

Zu: »Müssen uns für den Herbst wappnen«

Ja, das müssen wir tatsächlich – jedenfalls dann, wenn davon auszugehen ist (und das ist es leider), dass wir weiterhin das goldene Kalb der Inzidenz umtanzen und massenweise gesunde Leute testen werden. Die Frage ist nur, wie – und ich finde es erstaunlich, dass eine Sache so gar keinen Einsatz findet: Wie wäre es denn mit flächendeckenden – selbstverständlich freiwilligen – Antikörpertests für alle? Zu einem einheitlichen Zeitpunkt, um mal wirklich zu wissen, wie weit sich das Virus schon tatsächlich verbreitet hat? Laut Drosten können sich die Südafrika- und die brasilianische Variante nur durchsetzen, wenn es eine Herdenimmunität gegen die herkömmlichen Varianten gibt. Mein zugegeben laienhafter Eindruck ist, dass sich diese Varianten schon an vielen Stellen durchgesetzt haben, was für eine Herdenimmunität an ebenso vielen Stellen spricht. Und insofern scheint mir die Empfehlung von Frau van Laer nicht nur abenteuerlich, sondern geradezu gefährlich zu sein: Man müsse also impftechnisch darauf achten, dass sich keine Immun-Escape-Varianten ausbreiten. Wie wollt ihr das denn ernsthaft hinkriegen, wenn ihr nicht mal wisst, wie viele Leute die Standard-Variante schon hatten? Bei einer Herdenimmunität gegen die Standardvariante ist es doch unvermeidlich, dass wir diese Immun-Escape-Varianten bekommen werden. Also wäre es doch mal sinnvoll, festzustellen, wie weit auf dem Weg dahin wir tatsächlich schon sind. Frau van Laer vertritt hier mal wieder ihre strikte Eindämmungsstrategie, die aber auf lange Sicht nicht erfolgreich sein wird: Denn wenn wir eine Variante eindämmen, steht die nächste doch schon vor der Tür.

Mit freundlichen Grüßen

An die TT, 14.04.21

Zu: Intensivpatienten: 35 Prozent starben

Das ist arg, aber es fehlt auch hier eine Relation, denn ich glaube, die meisten Leute unterschätzen, wie gering die Quote derer ist, die – egal um welche Krankheit es sich handelt – dort auch lebend wieder rauskommen. Genauer untersuchen sollte man allerdings wirklich die – auch international unterschiedlichen – Behandlungsmethoden. Angesichts einer höheren Mortalität in der zweiten Welle gälte es auch hier die Maßnahmen zu hinterfragen.

Mit freundlichen Grüßen

An die TT, 15.04.21

Zu: Ein echter Ranger auf der Nordkette

Die Kosten für die Stelle von 120.000 Euro werden also zur Hälfte von Stadt und Land getragen. Auf welchen Zeitraum bezieht sich dieser Betrag? Ein Jahr? Oder sind das reine »Einrichtungskosten«? Was steckt denn in dieser doch erklecklichen Summe außer dem Lohn für den Glücklichen noch alles drin?

Mit freundlichen Grüßen

An die TT, 17.04.21

Zu: Corona international in Kürze

Laut WHO nähern wir uns also »der höchsten Infektionsrate, die wir bisher in dieser Pandemie gesehen haben«. Nur mal so als medizinischer Laie gefragt: Die – leider – bisher äußerst spärlichen Antikörperuntersuchungen deuten darauf hin, dass extrem viele Leute das Virus schon hatten, ohne es überhaupt zu bemerken. Was übrigens auch bedeutet, dass es sehr viel weniger gefährlich ist als uns kommuniziert wird, aber das nur nebenbei. Diese Leute gehen nun also – da für immer mehr Dinge zwingend – testen. Und sie testen – positiv. Oder irre mich da? Willkommen in der Dauerwelle.

Mit freundlichen Grüßen

An die TT, 18.04.21

Zu: Alles rund um Corona – Testpflichten laufen aus

Laut Gesundheitsministerium liegen die gestern verzeichneten 2.048 Neuinfektionen (vulgo: positiv Getestete) also unter dem 7-Tages-Schnitt von 2.370

Ansteckungen (dito: positiv Getestete). Als Maßnahmenkritiker freut mich das zwar, allein: Es gilt auch in diesem Fall: Die Relation zu den gemachten Tests fehlt. Als Beispiel: 2.000 positive Tests bei 200.000 Tests gesamt sind ein schlechteres Ergebnis als 3.000 positive Tests bei 350.000 Tests gesamt. Egal? Ja, klar. Auf Verhältnismäßigkeit kam es bei Corona ja noch nie an.

Mit freundlichen Grüßen

An die TT, 21.04.21

Zu: Kopf des Tages

Frau Baerbock wird also für ihre präzise Sprache und ihre fachliche Versiertheit gelobt? Die Frau, die in einem Interview zum Thema E-Autos zu »Kobalt« »Kobold« gesagt hat? Und nein, das war kein einmaliger Versprecher. Deutschland 2021 – genau mein Humor.

Mit freundlichen Grüßen

An die TT, 20.04.21

Zu: Nach Covid-Fall an Schule ist die Verwirrung perfekt

Es gäbe eine ganz einfache Lösung – wenn, ja, wenn denn »Corona« und »Vernunft« endlich mal zusammenkämen: Kontaktpersonenquarantänen abschaffen. Punkt.

Mit freundlichen Grüßen

An die TT, 21.04.21

Zu: Impfungen zeigen Erfolge in Schwaz

Routinemäßige Tests haben also ergeben, dass die Viruslast bei geimpften Infizierten sehr gering ist. Schön, aber wie wäre es denn mal mit routinemäßigen Tests der Viruslast von positiv getesteten Symptomfreien? Ich wette, die ist genauso gering. Interessiert nur niemanden – da wäre ja die Pandemie zu Ende.

Mit freundlichen Grüßen

An die TT, 21.04.21

Zu: Freie Bahn für Laschet

31 von 46 Stimmberechtigten haben also für Laschet als Kanzlerkandidat gestimmt. Das sind also dann laut Bericht 77,5 %. Echt jetzt, TT? Nicht vielleicht nur etwas mehr als 67 %? Kein Wunder, dass man der europäischen Bevölkerung mit absoluten Zahlen so viel Panik einflößen kann – Prozentrechnen zum Nachprüfen kann offensichtlich keiner mehr.

Mit freundlichen Grüßen

An die TT, 22.04.21

Zu: Testpflicht in Tirol wird ausgeweitet

Das höhere »Infektionsgeschehen« bei Jüngeren hänge also mit den vermehrten Tests in Schulen zusammen. Na, immerhin das wird noch anerkannt. Gleichzeitig sinkt die Zahl der Spitalspatienten. Aber was macht man: Statt endlich den Schluss zu ziehen, dass »Infizierte« (korrekt: positiv Getestete) ohne Symptome (Das hieß früher mal: Gesunde, erinnert sich noch jemand?) nicht das Problem sind, erweitert man die Testpflichten und testet sich so weiter munter an die Spitze der sinnlosen Inzidenzhitparade. Es tut mir in der Seele weh, das schreiben zu müssen: Dumm, dümmer, Tirol.

Mit freundlichen Grüßen

An die TT, 23.04.21

Zu: Auf Mai ruhen alle Hoffnungen

Es wird also untersucht, ob es einen Zusammenhang zwischen der neuen Mutation und der Spezial-Impf-kampagne in Schwaz gibt. Super, haben wir es jetzt endlich geschafft, uns eine Fluchtmutation herbeizu-impfen? Chapeau, läuft.

Mit freundlichen Grüßen

An die TT, 23.04.21

Zu: Ausreisetestpflicht bis 5. Mai verlängert

Die »mutierte Briten-Mutante« (Super-Ausdruck, TT, manchmal beschleicht mich die Vermutung, ihr könn-tet das alles auch nicht mehr ernst nehmen) macht also bereits die Hälfte aller Coronainfektionen durch Virenvarianten aus. Gleichzeitig sind von 34 Leuten auf Intensiv lediglich 2 davon auf die mutierte briti-sche Virusvariante zurückzuführen, macht knapp 6 % der Intensivpatienten. Spricht doch eigentlich eher für »nicht so gefährlich wie gedacht«?

Mit freundlichen Grüßen

An Alois Schöpf, Kolumnist in der TT, 24.04.21

Zu: Wenn schon, dann richtig

Sehr geehrter Herr Schöpf,

Sie fordern als eine von zwei Alternativen den schwe-dischen Weg – und gleichzeitig, dass man – bei Alter-native zwei – mit drastischen Mitteln gegen Lockdown-Verstöße vorgeht? Also letztlich gegen die Leute, die abgesehen von den Fehlern mit den Altenheimen (den aber ja auch Lockdowner wie Italien gemacht haben, übrigens mit unterm Strich schlechteren Ergebnissen, und da sind die Kollateralschäden noch gar nicht eingerechnet) den schwedischen Weg für richtig hielten? Warum sollte man, wenn der schwedische Weg der bessere ist, noch Leute abstrafen? Dann kann der Weg doch nur heißen: Weg mit dem Lockdown.

Mit freundlichen Grüßen

An die TT, 24.04.21

Zu: Begegnungszone auf Brücke vereint die Opposition

Als (abgesehen von Öffis) Nur-Fußgänger finde ich die Begegnungszonen in Kufstein – auch wenn man an der einen oder anderen Ecke noch an Feinheiten arbeiten könnte – wunderbar. Und ich wäre auch für einen Lückenschluss – das würde hoffentlich – vernünftiges und rücksichtsvolles Verhalten aller Verkehrsteilnehmer vorausgesetzt – das »scharfe Eck« am östlichen Ende der Brücke entschärfen. Er würde nämlich eine Überquerung auf der Brücke, wo man als Fußgänger eigentlich besseren Überblick hat, erleichtern.

Mit freundlichen Grüßen

An die TT, 25.04.21

Zu: Corona in Kürze – Grüner Pass erst später

Als Maßnahmenkritiker habe ich mich wahrlich nicht gefreut, dass Wolfgang Mückstein Nachfolger von Anschober wurde. Positiv überrascht bin ich aber von seiner Offenheit und – innerhalb seiner Prämissen, auch wenn ich sie nicht teile – von der Sachbezogenheit: Wer ganz offen zur Kommunikation von Brunner zum Grünen Pass sagt, dass das weder abgesprochen noch richtig gewesen sei und dass der Pass nur unter gewissen EU-weiten Vorgaben Sinn macht, dem scheint es wirklich um die Sache und kein Spielen-für-die-Galerie zu gehen – und vor allem: Er scheut sich nicht, Dinge auch dem Wähler ehrlich zu kommunizieren. Ich hoffe nur, dass ihm im Politbetrieb insofern nicht allzu schnell die Flügel gestutzt werden.

Mit freundlichen Grüßen

An die TT, 25.04.21
Zu: Schulstart mit engen Fesseln
Schulstart mit engen Fesseln? Ein wahrlich passender Titel für den Wahnsinn, der dort läuft. 9.500 »Fälle« bei 12.000.000 Tests? Macht eine Positiv-getestet-Quote von etwas unter 0,08 %. Steht das wirklich dafür? Nein, tut es nicht: Hier sind Verhältnismäßigkeit und Vernunft ein weiteres Mal auf dem Altar der Corona-Hysterie geopfert worden. Nota bene: Wir reden von 0.08 % positiv Getesteten, nicht von 0,08 % Erkrankten, denn mit Symptomen traut sich doch eh keiner mehr irgendwo hin. Vollends lächerlich wird das Ganze dann, wenn man auf die 44 Tage Präsenzunterricht seit Jahresbeginn verweist. Ohne die insgesamt völlig überzogenen Reaktionen auf diese Erkrankung gäbe es eine viel einfachere Lösung – und das seit Anbeginn: Schulen auf – ohne Tests.

Mit freundlichen Grüßen

An die TT, 26.04.21

Zu: Krachmacher

Aha, wenn es zu der direkten Verunglimpfung »Querdenker«, »Schwurbler« oder gleich »Nazi« für Leute, die Maßnahmen kritisieren, nicht so ganz reicht, weil die Kritiker (jedenfalls noch) angesehene Künstler sind und man sich das dann offensichtlich doch (ebenfalls noch?) nicht traut, dann wird man halt mal kurz zum »Krachmacher« abgestempelt. Erst denken, dann reden? Ja, genau, Matthias Christler: erst denken, dann schreiben. Eine Meinung muss nicht deswegen schlecht sein, weil ihr auch Gruppen anhängen, mit denen man nix am Hut hat.

Mit freundlichen Grüßen

An die TT, 26.04.21

Zu: Gesundheitssystem in Indien steht vor dem Kollaps

Das mag sein, ob das aber an Corona liegt, ist zumindest zweifelhaft – jedenfalls dann, wenn man die auf den ersten Blick hohen absoluten Zahlen (350.000 positiv Getestete an einem Tag und 2.767 Tote) in Relation zur Bevölkerungszahl (1.400.000.000) setzt. Das mögen die bisher höchsten Zahlen für Indien sein, aber in Relation gesetzt sind sie de facto sehr, sehr niedrig. Es möge mal bitte jeder selber rechnen. Ergo wohl mal wieder eher dazu angetan, in einer weiteren Panikrunde die Europäer in Schockstarre zu halten.

Mit freundlichen Grüßen

An die TT, 27.04.21

Zu: 5 Millionen Tests pro Woche

300.000 Schnelltests pro Tag macht also 7,5 Mio. Euro – pro Tag, nur nochmal wiederholt, damit es einsickert. Und das Ganze dann jetzt noch mengenmäßig gesteigert. Um Symptomlose im Promillebereich rauszufischen, deren Viruslast wohl nicht mal ausreicht, um andere anzustecken (Warum ist das eigentlich nach über einem Jahr noch so wenig untersucht – lässt sich da nix dran verdienen?). Ernsthaft, das steht doch nicht dafür – Risikogruppenschutz muss anders gehen. Bessere Wege dürften jedenfalls angesichts der offensichtlich vorhandenen Gelder daran ja wohl nicht scheitern. Mal ganz abgesehen davon, was man mit einer direkten Geldspritze in der Höhe ins Gesundheitssystem diesem Gutes tun könnte – auch für Erkrankungen abseits von Corona.

Mit freundlichen Grüßen

An die TT, 27.04.21

Zu: Kein Zeitplan für Quarantäneende bei Geimpften

Laut Frau Merkel werde es also nicht schnell gehen mit dem eventuellen Zurückgeben der Grundrechte an Geimpfte, weil »es immer noch viele Ungeimpfte gebe, die schutzbedürftig seien«. Was bitte reitet diese Frau? Die wirklichen Risikogruppen, die das wollen (auch so ein Punkt) dürften inzwischen auch in Deutschland geimpft sein. Und der Rest, Frau Merkel, legt vielleicht einfach keinen Wert auf Ihre überhebliche paternalistische, um nicht zu sagen sozialistische, Fürsorge, die sich leider nur auf Corona konzentriert und das Land im Übrigen vor die Hunde gehen lässt.

Mit freundlichen Grüßen

An die TT, 29.04.21

Zu: Einreisebeschränkungen für Menschen aus Indien

Die Pandemie hat in Indien also »dramatische« Ausmaße, weil es täglich mehr als 300.000 Neuinfektionen gibt. Mal wieder eine absolute Coronazahl. Macht bei rund 1,38 Milliarden Einwohnern eine tägliche Quote von knapp 0,022 % an neu positiv Getesteten. Bezogen auf die Einwohnerzahl von Österreich sind 0,022 % 1.958 tägliche neue Fälle. Upps. Dass die Lage in Indien aufgrund des schlechteren Gesundheitssystems dramatisch ist, ist das wahre Problem – so wie in Europa der Abbau der Intensivbetten in den letzten Jahren, weil man allerorts dachte, aus Spitälern Wirtschaftsunternehmen machen zu müssen.

Mit freundlichen Grüßen

An die TT, 30.04.21

Zu: Neue Freiheit mit vielen Fragen

Ein Ausweg aus dieser schweren Krise ist nur mit eine Durchimpfung der Bevölkerung möglich? Ist das so? Ist die Krise angesichts der Tatsache, dass wir auch Leute, die mit dem Virus sterben als Corona-Tote zählen (eine absolute Novität) wirklich so viel schwerer als andere schwere Gesundheitskrisen? Was ist mit Medikamenten und anderen vorbeugenden Maßnahmen? Warum wurde hier – jedenfalls in der öffentlichen Meinung – von Anfang an nur und so gut wie ausschließlich auf die Impfung gesetzt? Wissen wir – angesichts des Maßnahmen-Overkills, der eine vernünftige Evaluation so gut wie unmöglich macht – überhaupt, ob nicht die simplen Maßnahmen Abstand und vor allem die leider fast überall in Vergessenheit geratene Hygiene ausreichen würden? Rechtfertigt all das die massiven Einschränkungen für Ungeimpfte, die für diesen Teil der Bevölkerung tatsächlich zu einem Dauerlockdown führen? Ein klares Nein, denn die Impffraktion vergisst das, was in dieser Pandemie öfter schon begraben wurde: die Verhältnismäßigkeit.

Mit freundlichen Grüßen

An die TT, 01.05.21
Zu: Corona in Kürze
Der Nationalrat führt also eine erweiterte Testpflicht an Arbeitsorten ein, die »überall dort gelten wird, wo wegen der Art der Tätigkeit oder des physischen Kontakts zu anderen Personen die Gefahr einer wechselseitigen Ansteckung mit Corona besteht, z.B. in Büros«. Also de facto: ÜBERALL.

Und das ist nur einen Kurzartikel wert? Unfassbar.

Mit freundlichen Grüßen

An die TT, 01.05.21
Zu: Maskenverweigerung ließ Prozess platzen
Wie so oft: Alles eine Frage der Perspektive – oder doch eher des politischen Standpunkts? Man muss weder Herrn Rutter noch Herrn Eifler mögen, aber »Prozess geplatzt wegen Nichtanerkennung eines gültigen medizinischen Attests« würde es wohl eher

treffen. Zumal ja gerichtlich offensichtlich geklärt ist, dass die Atteste, die Eifler vor Aberkennung seiner Approbation ausgestellt hat, gültig bleiben.

Mit freundlichen Grüßen

An die TT, 04.05.21

Zu: Ab 19. Mai gilt der Impfpass

Frau Rendi-Wagner begründet die Zustimmung der SPÖ also damit, »dass mittlerweile die Risikogruppen durchgeimpft seien und gewisse Freiheiten eine Impfmotivation darstellen würden«. Diesen Begründungen kann ich nicht zustimmen: Wer durch die Impfung geschützt werden will (das Wollen und nicht das Müssen – ein ganz großes Thema in dieser äußerst paternalistischen Krankheitsbekämpfung) und bei wem das auch wirklich nötig ist, ist also geschützt. Umso weniger gibt es einen Grund, Ungeimpfte zu vom Alltagsleben Ausgeschlossenen zu machen. Vollends zynisch wird es dann aber im zweiten Teil der Begründung: »Gewisse Freiheiten« stellen also eine Impfmotivation dar? Ja, das wird bei der Mehrheit sicher gut funktionieren. Warum? Weil es nicht »um gewisse Freiheiten« geht, nein, es geht um fast alles, was man vor Corona »Leben« genannt hat. Ist es verhältnismäßig und angebracht, Ungeimpfte und Ungetestete davon auszuschließen? Nein, ist es nicht. Dennoch wird mich kein Friseur, kein Fußpfleger, kein Wirt und kein Kulturschaffender jemals wiedersehen. Auf eine Gesellschaft, die das ohne den geringsten Aufschrei durchgehen lässt, lege ich keinen Wert mehr.

Mit freundlichen Grüßen

An die TT, 05.05.21

Zu: ÖVP: Rochade im Regierungsteam

Der Fisch, Herr Platter, stinkt immer vom Kopf.

Mit freundlichen Grüßen

An die TT, 05.05.21

Zu: Mit QR-Code und Ausweis ins Gasthaus

Laut Frau Thaler müsse also die Kommission ein-
schreiten, »um zu verhindern, dass Nationalstaaten
erneut Alleingänge bei Einreisebestimmungen oder
Grenzkontrollen durchführen«. Gleichzeitig können
die Nationalstaaten für sich die Rechte, die mit dem
»Grünen Zertifikat« verknüpft sind, bestimmen. Finde
den Fehler – oder auch: RIP, EU. Und zur Erinnerung:
Die damit endgültig zu Grabe getragene Reisefreiheit
innerhalb der EU war eines der wenigen Dinge, von
denen auch der sog. einfache »Unions-Bürger« etwas
hatte. Tempi passati.

Mit freundlichen Grüßen

An die TT, 06.05.21

**Zu: 42 Millionen Dosen sollen Folgeimpfungen si-
chern**

Es werden also 42 Millionen Impfdosen für 2022 und
2023 gekauft. Da fragt sich der Laie doch mal ganz
dezent ein paar Dinge: Wie viele Einwohner hat Österreich nochmal? 8,9 Millionen? Zwischen 4 x 8,9 Mio.
und »vorerst« (!) 42 Mio. ist dann doch noch ein Unterschied von etwas mehr als schlappen 6 Millionen. Mit
welchem Bevölkerungswachstum wird da eigentlich
gerechnet? Wie lange hält das Zeug denn? Oder sind

wir dann – neben mindestens 2 x pro Jahr impfen – doch schon beim Impfzwang?

Mit freundlichen Grüßen

An die TT, 06.05.21
Zu: Ja zum Impfen, Rüffel für die Politik

81 % der Tirolerinnen und Tiroler sind für die Impfung? Wundert das jemanden? Man sollte sich aber schon mal fragen, ob aus Überzeugung und Gründen der Krankheitsbekämpfung – oder »einfach« nur, weil es angenehmer scheint, sich zweimal im Jahr impfen zu lassen statt sich jede Woche (oder gar noch öfter) ein Stäbchen in die Nase tackern zu lassen? Vor allem aber, um »normal« leben zu können – denn das bleibt den Nichtimpfern wahrlich verwehrt. Ein »normales« Leben mit ständig mitzuführendem grünen Pass? Was seid ihr für eine Gesellschaft?

Mit freundlichen Grüßen

An die TT, 06.05.21
Zu: Klagen à la Ischgl wären denkbar, aber schwierig

HG Pharma hat also 340 Verdachtsfälle gemeldet, von denen Elling 140 bestätigen konnte. Die AGES hatte dagegen nur 50 Fälle beanstandet, weil »sie die Personen zähle, nicht aber die Proben«. Naive Frage: Was zählen wir eigentlich in der Corona-Fallstatistik? Die Personen oder die Proben? Der Unterschied scheint ja immens zu sein.

Mit freundlichen Grüßen

An die TT, 06.05.21

Und nochmal zu: Klagen à la Ischgl wären denkbar, aber schwierig

Sie wären juristisch aber durchaus interessant, denn auch da gibt es erhebliche »Kollateralschäden«, nämlich die von Grenzpendlern nach Bayern, die dank dieser offensichtlich zumindest fehlerhaften österreichischen Steilvorlage von Bayern als aus einem Virusmutantengebiet kommend eingestuft wurden – was für die, die »nicht systemrelevant« sind, hieß, dass sie über 6 Wochen ihren Arbeitsplatz überhaupt nicht aufsuchen konnten.

Mit freundlichen Grüßen

An die TT, 07.05.21

Zu: In Gemeinden endet Testpflicht

Frau von Laer übernimmt jetzt also die Testbefundungen von HG Pharma. Und immer, wenn Du meinst, es geht nicht schlimmer, setzen sie noch eins drauf. Und ihr glaubt doch nicht im Ernst, dass das dann ab Juni ausgeschrieben wird? Da ist man dann so zufrieden mit der Frau, da findet man schon einen Dreh.

Mit freundlichen Grüßen

An die TT, 08.05.21

Zu: Ringen um ein soziales Europa

Da braucht ihr nicht ringen: Schafft euch einfach ab. Ach ja, freut mich, dass für euch Schengen noch in Kraft ist.

Mit freundlichen Grüßen

An die TT, 08.05.21
Zu: Wildwuchs beim Testen wird abgedreht
Die entscheidende Frage ist doch, warum man diesen Wildwuchs, den man jetzt mühsam wieder stutzen muss, überhaupt zugelassen hat? Ja, es gab Termin-Engpässe, aber hätte man die nicht durch Aufstockung an den bestehenden, gut funktionierenden Teststraßen beheben können? Zumal dort immer weniger los ist, was befürchten lässt, dass genau das beste Angebot (auch was die Terminbuchung angeht) mangels Nachfrage geschrumpft werden könnte.

   Mit freundlichen Grüßen

An die TT, 08.05.21
Zu: Lagarde will weiter den digitalen Euro
»Die Zentralbank schulde es also den Europäern, einen digitalen Euro auszuloten«, meint Madame Lagarde. Madame, Sie schulden den Europäern ganz was anderes – was, das sehe ich jedes Mal, wenn ich einen Blick auf mein Null-Zins-Konto werfe. Und wenn 50 % der Europäer sagen, sie würden gerne digital bezahlen, dann hat das mit Ihrem digitalen Euro nix zu tun – das können sie jetzt auch schon. Aber EU-Institutionen waren schon immer gut darin, nur das zu hören, was sie hören möchten.

   Mit freundlichen Grüßen

An die TT, 09.05.21
Zu: Der »Grüne Pass« und die Zukunft Europas
Der Grüne Pass hat also »das Zeug zur europäischen Killer-Applikation«? »Ein für alle spürbarer Nutzen der

EU«? Ich fasse es nicht: Da wird eine der wenigen Errungenschaften der EU, von denen auch der Otto Normalverbraucher etwas hatte, nämlich Schengen und
tatsächliche (!) Reisefreiheit in einem für die EU geradezu atemberaubenden Tempo in die Tonne geklopft.
Für eine Erkrankung, deren Risikogruppen äußerst klar
sind und die – wenn sie das denn wollten – inzwischen
geimpft sind – und die für die überwiegende Mehrheit
symptomlos verläuft. Und die Tatsache, dass man als
einfach nur Gesunder (Wann wird das Wort eigentlich
endgültig verboten?) nie mehr über eine EU-Grenze
kommt, wird einem als »spürbarer Nutzen« verkauft?
Geht's noch? Eine Killer-Applikation? Ja, wahrlich, das
ist sie: RIP, EU. Der gesunde Menschenverstand ist eh
schon 2020 gestorben.

Mit freundlichen Grüßen

An die TT, 09.05.21
**Zu: Die Weichen für Europas Zukunft stellen ab
heute alle in der EU**
Schön wär's. Wenn die Gestaltung der Seite ein Hinweis auf die Wertschätzung der Bürger ist, die die EU
ihnen angedeihen lässt, sieht es eher düster aus: Ich
habe schon lange keine so unübersichtlich und wenig
benutzerfreundlich gestaltete Seite mehr gesehen.

Mit freundlichen Grüßen

An die TT, 10.05.21
Zu: Regierung segnet heute Öffnung ab
Frau Köstinger sieht also eine Herausforderung darin,
mit allen EU-Staaten bis zum Sommer zu einer Eini-

gung zum »Grünen Pass« zu kommen. Es gibt eine ganz einfache Lösung: Lasst es einfach. Nur mal so zur Erinnerung: Die uns allen auferlegten Einschränkungen wurden am Anfang dieser Erkrankungsbekämpfung einzig und allein mit »flatten the curve« und »wir müssen eine Überlastung der Intensivstationen verhindern« begründet. Die Risikogruppen sind geimpft und demnächst wird das auch jeder sein, der das ansonsten möchte. Es gibt keinen Grund mehr, diesen Wahnsinn noch eine Schraubendrehung weiter zu ziehen. Außer, das Ziel ist nicht Krankheitsbekämpfung, sondern lückenlose Überwachung jeden Schrittes der Untertanen und endgültige Ausgrenzung ungetesteter und ungeimpfter Gesunder (Entschuldigung, gibt es ja nicht mehr: symptomlos Erkrankter).

Mit freundlichen Grüßen

An die TT, 11.05.21

Zu: Großer Schritt zur Normalität

Ein großer Schritt zur Normalität? Für alle, außer das 4. G – G wie gesund.

Mit freundlichen Grüßen

An die TT, 13.05.21

Zu: Der Brenner soll auch früher aufgehen

Nix geht auf – jedenfalls nicht für das 4. G – G wie gesund. Die Anti-Corona-Maßnahmen wurden uns – erinnert sich noch jemand? Offensichtlich nicht. Will sich noch jemand erinnern? Offensichtlich nicht. – mit »flatten the curve« und »Verhinderung der Überlastung der Intensivstationen« verkauft. Ein Jahr weiter haben wir den Begriff »gesund« abgeschafft – und mit ihm zahlreiche Freiheitsrechte. Schengen. Erinnert sich noch jemand? Offensichtlich nicht. Will sich noch jemand erinnern? Offensichtlich nicht. Stattdessen erfreuen wir uns an einer – nur scheinbaren – 3G-Freiheit mit demnächst »Grünen Pass«, der jeden unserer Schritte nachvollziehbar macht. Wird nicht passieren? Das habe ich seit März 2020 zu oft gehört – und es wurde zu oft gebrochen.

Mit freundlichen Grüßen

An die TT, 13.05.21
Zu: Die WHO hat Anfang zu langsam agiert
Die WHO hat also im vergangenen Jahr zu langsam reagiert. Dafür soll ihr dann jetzt ein »neues globales Überwachungssystem von Krankheiten die Möglichkeit geben, bei Bedarf sofort und ohne Rücksprache mit den Ländern Alarm zu schlagen«. Bin ich eigentlich der letzte Mohikaner, dem es bei so einem Satz kalt über den Rücken läuft? Bei der nächsten Pandemie also noch mehr Rasenmäher statt zielgerichtetes, auf die Situation bezogenes Handeln? Und war Schnelligkeit hier wirklich das entscheidende Kriterium? Oder sollte man die Maßnahmen nicht mal inhaltlich unter die Lupe nehmen? Ach ja, die »unabhängige Expertenkommission«, die der WHO mit ihrem Statement nun zu noch mehr Handlungsfreiheit verhelfen will, wurde übrigens von der WHO selber bestellt. Finde den Fehler.

Mit freundlichen Grüßen

An die TT, 14.05.21

Zu: Entweder man lässt sich impfen oder man steckt sich an

Da fragt man sich doch, ob Herr Drosten nicht nur an den PCR-Tests, sondern auch an der Impfung verdient. Ja, das Virus wird endemisch, so wie viele andere Viren auch – das heißt aber noch lange nicht, dass man sich ansteckt. Jedenfalls nicht mit diesem Virus – so ansteckend wie diese »alternativlose« Alternative behauptet, ist es nämlich eben nicht. Und auch wenn man eine Ansteckung als möglich einrechnet, die ja in der großen Mehrheit der Fälle symptomlos oder mit milden Symptomen verläuft, kann die individuelle Abwägung immer noch gegen eine Impfung sprechen.

Mit freundlichen Grüßen

An die TT, 15.05.21

Zu: Impf-Nein kann den Job gefährden

»Impf-Nein kann den Job gefährden«. Eigentlich braucht es nicht mehr als diesen Satz. Wirken lassen. Kann das sein? Darf das sein? Nein. Es ist nicht verhältnismäßig – und es wird immer weniger verhältnismäßig, um nicht zu sagen: Bodenlos.

Mit freundlichen Grüßen

An die TT, 17.05.21

Zu: Wieder ein normaler Schultag

»Wieder ein normaler Schultag«. Mit Maskenpflicht und Testen symptomloser (ehemals: gesunder) Kinder. Normal? Ganz sicher nicht.

Mit freundlichen Grüßen

An die TT, 18.05.21

Zu: Corona international in Kürze

Biontech hält also jetzt im Kühlschrank 31 statt 5 Tage. Gut zu wissen, aber wie wäre es mit einer Begründung? Neue Rezeptur? Neue Erkenntnisse? Oder einfach nur so?

Mit freundlichen Grüßen

An die TT, 19.05.21

Zu: Aufgsperrt is, hereinspaziert

Der Ton macht die Musik, manchmal auch der scheinbar leise: Personen, »die noch keine Impfung erhalten haben«, müssen negative Covid-Tests als Eintrittskarte vorweisen. »Noch keine Impfung erhalten haben«? Eine interessante Formulierung. Wie wäre es mit einem neutralen »die nicht geimpft sind«?

Mit freundlichen Grüßen

An die TT, 20.05.21

Zu: Die Öffnung schmeckt gut

Die Öffnung schmeckt gut? Für das 4. G schmeckt sie bitter.

Mit freundlichen Grüßen

An die TT, 21.05.21

Zu: Impfreihung nach Alter wird beendet

Der »Grüne Pass« wird ab 1. Juli in Europa also Realität. Eine Organisation, die es über Jahre hinweg nicht schafft – nur ein banales Beispiel von vielen – die Sommerzeit wieder abzuschaffen, einigt sich also in für sie geradezu atemberaubender Geschwindigkeit auf ein Dokument, das schwerste und vor allem völlig unverhältnismäßige Rechtseingriffe mit sich bringt? Und klopft dabei mit ebenso atemberaubender Nonchalance eine der wichtigsten Errungenschaften ihrer selbst, nämlich Schengen und den – wirklich – freien Grenzverkehr innerhalb der EU, einfach mal so flott in die Tonne? Und das ja nicht nur kurzfristig, sondern auf Dauer – sonst würde man diesen im wahrsten Sinn des Wortes wahnsinnigen Aufwand ja wohl nicht treiben. Im Sinne und zum Wohl des Unionsbürgers? Ganz sicher nicht.

Mit freundlichen Grüßen

An die TT, 21.05.21
Zu: Geldausgeben fürs Testen braucht Kontrolle
500 Millionen Euro für Testungen, und das ja wohl v.a., um die sog. Symptomfreien zu testen. Geldausgeben fürs Testen braucht Kontrolle? Vielleicht sollte man endlich einen Schritt zurückgehen, und das tun, was es in dieser Krankheitsbekämpfung schon von Anfang an gebraucht hätte: Das Testen an sich unter Kontrolle zu bringen und sich auf die Leute mit Symptomen zu konzentrieren. Die positiven Tests bei Symptomfreien (ehemals: Gesunde, falls sich noch jemand erinnern will) liegen im Promillebereich und ziehen immer noch völlig überzogene Quarantänemaßnahmen mit sich. Man hört zudem immer noch erstaunlich wenig bis nix zu der Frage, inwieweit ein Symptomloser überhaupt tatsächlich eine ausreichende Viruslast hat, um anderen gefährlich zu werden (Zumal wir ja doch eh alle die äußerst wirksamen Masken haben, nicht

wahr?). Oder kurz gesagt: Was wir da treiben, spottet jeder Beschreibung, und das nicht nur aus finanziellen Gründen.

Mit freundlichen Grüßen

An die TT, 22.05.21

Zu: Mehr Tote und mehr Impfstoff für arme Länder

Jetzt wird die eh schon abstruse Zählung der »Corona-Toten« endgültig, ja, ich muss es, auch wenn es um Tote geht, so drastisch sagen: unverfroren und unverschämt. Ich kann und werde auch nach 14 Monaten dieser Erkrankung nicht verstehen, warum man Leute, die lediglich positiv getestet sind, aber an etwas ganz anderem verstorben sind, als »Corona-Tote« zählt. Haben wir das jemals schon bei einer anderen Erkrankung gemacht? Nein, und das aus guten Gründen. Und jetzt haut man eine »Schätzung« von 6-8 Mio. Menschen raus und zählt »nicht-gemeldete Covid-19-Todesfälle« mit dazu? Wie kann man bitte einen »nicht-gemeldeten (!!!) Covid-19-Todesfall ernsthaft zählen? Dann zählen wir doch bitte künftig auch »nicht-gemeldete Todesfälle nach einer Impfung«. Absurd? Ja, genau – so absurd wie diese Zählung der Covid-Toten.

Mit freundlichen Grüßen

An die TT, 22.05.21

Zu: Lob für US-Plan zu globaler Mindeststeuer

Das einzige, wozu diese Steuer führt, ist eine weitere Staaten-Gleichmacherei. Amazon und Co. werden deswegen nicht einen Cent mehr zahlen. Warum? Weil nicht der Steuersatz per se das Problem ist, sondern

die viel zu vielen legalen Steuerminimierungsmöglich-
keiten.

Mit freundlichen Grüßen

An die TT, 25.05.21
Zu: Spahn für internationalen Pandemievertrag
Wenn diese Krise eines gezeigt hat, dann, dass man
ihr nicht mit unverhältnismäßigen Pauschalmaßnah-
men zu Leibe rücken sollte – dafür sind die Schäden,
die wir jetzt haben, viel zu groß geworden. »Die Staa-
ten müssen sich zur Kooperation und Umsetzung von
gemeinsam gesetzten Vorschriften verpflichten«, sagt
Herr Spahn. Also noch mehr nicht zielführende Rasenmähermaßnahmen – und das auch noch weltweit –
statt passgenau auf die Situation vor (jeweiligem) Ort
zu reagieren? Das wäre nur eines: Ein weiterer Co-
ronamaßnahmen-Irrweg, allerdings einer, der für die
Nationalstaaten und ihre Bürger noch viel üblere Folgen haben könnte als alles, was wir bisher kennenge-
lernt haben. Zwischenstaatliche Kooperation braucht
es wohl, aber sicher keine weltweite, sondern eine
regionale, die den Alltag der Bevölkerung wirklich berücksichtigen kann.

Mit freundlichen Grüßen

An die TT, 26.05.21
Zu: 14 Tage abwarten und dann entscheiden
Auch, wenn man bezüglich der Bewertung einzelner
Maßnahmen anderer Meinung sein kann als Hans-Pe-
ter Hutter, ist ihm in einem zuzustimmen: Es braucht
endlich mal eine vernünftige Überprüfung der Aus-

wirkungen einzelner Maßnahmen. Und das erreichen wir sicherlich nicht, indem wir wieder alles auf einmal abschaffen. Wenn zeitgleich die Maskenpflicht und der Abstand (m.E. übrigens – zu Unrecht – eine der am wenigsten geschätzten Maßnahmen, der man sich immer sehr schnell entledigt) fällt und die Zahlen steigen sollten, dann wissen wir was: Genau – wie beim letzten Mal: Nix, jedenfalls nix Gewisses.

Mit freundlichen Grüßen

An die TT, 27.05.21
Zu: Grüner Pass steht, Hürden beim Reisen
Ich zitiere: »Der Nationalrat hat dennoch mit großer Mehrheit die Möglichkeit für einen elektronischen Nachweis einer Impfung, Genesung oder Testung ermöglicht.« Ja, in dem leicht schrägen Satz werden die »Möglichkeiten« grenzenlos. War das eine Pressemeldung aus Regierungskreisen, weil hier gleich doppelt »ermöglicht« wird? Nur schade, dass vor lauter »Möglichkeiten« das Wichtigste untergeht: Die Unmöglichkeit für simpel Gesunde, noch innerhalb der EU über eine Grenze zu kommen.

Mit freundlichen Grüßen

An die TT, 28.05.21
Zu: 3-G-Regel öffnet Tür zur Freiheit
Die 3-G-Regel öffnet also die Tür zur Freiheit? Was ist das bitte für eine Freiheit, in der ich für Reisen innerhalb der EU einen Grünen Pass brauche, wo ich für alles, was ich tue, entweder getestet, geimpft oder genesen sein muss, und wo ich als Gesunder zum

Outlaw werde? Freiheit? Das ist alles Mögliche, aber sicher keine Freiheit.

Mit freundlichen Grüßen

An die TT, 30.05.21
Zu: Die Suche nach Ehrlichkeit
Zu ergänzen wäre noch, dass nicht nur die Generation Corona auf der Suche nach dieser Ehrlichkeit ist und sich fragt, wen sie noch wählen kann. Allerdings sollte sich das Wahlvolk des 21. Jahrhunderts auch mal an die eigene Nase fassen: Wir wollen Ehrlichkeit und keine abgehobene Elite? Dann sollten wir aber vielleicht auch aufhören, von Politikern (und nicht nur von denen) immer und überall die absolute Perfektion zu fordern: Wenn die Unschuldsvermutung gilt, warum lassen wir sie dann nicht gelten, sondern verlangen Rücktritte schon, ehe das Urteil gesprochen ist? Warum wird ein Politiker, der irgendwann mal irgendwo Unwissen zeigt, sofort als »komplett unfähig« durch die sozialen Medien gejagt? Wir verlangen Ehrlichkeit und Authentizität, echauffieren uns aber sofort, wenn jemand sich mal nicht perfekt instagramtauglich und zitierfähig in der Öffentlichkeit zeigt? Menschen müssen nicht alles wissen und sie müssen auch nicht fehlerfrei sein. Wir sollten an Politiker keine geringen Maßstäbe legen, aber auch keine übertriebenen – sonst findet sich für diesen »Job« nämlich keiner mehr. Und schon gar kein ehrlicher.

Mit freundlichen Grüßen

An die TT, 31.05.21

Zu: Beschwerden in Heimen verdoppelt

Liebe TT,

auch, wenn ich mir in Zeiten wie diesen öfters mal eine kritischere Berichterstattung gewünscht hätte: »Beschwerden in Heimen verdoppelt« führt als Überschrift die Leser – jedenfalls zunächst – in die Irre. Natürlich denkt man sofort »aha, die Coronamaßnahmen«, insbesondere aufgrund der Unterüberschrift. Nur, um dann im Text zu erfahren, dass sich die Verdoppelung auf einen 5-Jahres-Zeitraum bezieht. Das ginge exakter – und sollte es auch.

Mit freundlichen Grüßen

An die TT, 01.06.21

Zu: Der Grüne Pass hat Verspätung

Gottseidank hat er die – am besten wäre, er käme gar nicht. Eine Bankrotterklärung erster Güte für das angeblich vereinigte Europa. Eine weitere Bankrotterklärung sind auch die dauernden Zielverschiebungen: 25 ist also sozusagen das neue 50? Nur zur Erinnerung: Verkauft wurden uns die Maßnahmen ursprünglich mal mit »Überlastung der Intensivstationen verhindern« und »vulnerable Gruppen schützen« (Wobei gerade Letzteres ja monatelang nicht funktioniert hat). Und nun hält man uns dauernd neue Karotten vor die Nase. Demokratischer Systeme ist so ein Vorgehen jedenfalls unwürdig.

Mit freundlichen Grüßen

An Wolfgang Sablatnig, Journalist bei der TT, 01.06.21

Zu: Long Covid der Politik

Sehr geehrter Herr Sablatnig,

Sie werfen Herrn Kickl also vor, dass er unüberwindbare Gräben schafft? Aber was hat denn der sog. Mainstream seit Anbeginn dieser Pandemie gemacht? Genau das Gleiche – nur noch ärger. Wer Maßnahmen wie Schulschließungen, Lockdown etc. auch nur wagt zu kritisieren, ist Coronaleugner, Verschwörungstheoretiker, Covidiot oder – das ewige Totschlag-«Argument» gleich Nazi. Man kann Kickl vorwerfen, dass er die Lage politisch ausnutzt – begonnen mit dem Grabenausheben haben aber andere. Und man muss nicht an Verschwörungstheorien glauben, um mit Fug und Recht sagen zu können: Eine Erkrankungsbekämpfung wurde zumindest noch nie derart politisch instrumentalisiert – und zwar nicht von der Opposition, sondern von den Regierenden. Die EU (ausgerechnet die EU, die sonst ohne jahrelange Verhandlungen nix gebacken bekommt) einigt sich in Windeseile auf einen »Grünen Pass«, mit dem eine der wenigen Errungenschaften, von denen auch der gemeine Unionsbürger etwas hatte, ohne mit der Wimper zu zucken in die Tonne geklopft wird? Bin ich wirklich ein Coronaleugner, Verschwörungstheoretiker, Covidiot, Nazi, wenn ich das kritisiere?

   Mit freundlichen Grüßen

An die TT, 02.06.21

Zu: WWF zu Lokalaugenschein auf »Extrem-Alm« eingeladen

Der WWF-Wolfexperte Pichler hat 15 bis 20 Einladungen von Almen in ganz Österreich. Ob er wohl auch schon mal eine angenommen hat?

Mit freundlichen Grüßen

An die TT, 04.06.21

Zu: Nicht nur für Laschet eine Feuerprobe

Es soll also niemand mit der AfD pakteln, weil deren Wähler »nach 30 Jahren immer noch nicht in der Demokratie angekommen« seien? Das mag für die Ränder dieser Partei gelten, so wie es wahrscheinlich auch für den linken Rand der Partei »Die Linke« gilt, aber sicherlich nicht für die Mehrheit ihrer Wähler. Die besteht nämlich aus durchaus auf dem Boden der Demokratie stehenden Konservativen, die allerdings ein Problem haben: Sie haben in der nach links gerückten CDU von Frau Merkel spätestens seit 2015 keine Heimat mehr. Und eine ernsthafte konservative andere Alternative ist nirgends in Sicht.

Mit freundlichen Grüßen

An die TT, 06.06.21

Zu: »Es war super und unkompliziert«

Und hätte es noch eines Beweises bedurft (tut es nach einem Jahr Kollektivwahnsinn eh nicht), wie leicht der Otto Normalverbraucher zufriedenzustellen, vor allem aber: zu lenken ist, hier ist er. Schöne neue Welt.

Mit freundlichen Grüßen

An die TT, 06.06.21

Zu: Zahlen sinken, Sorgen bleiben

»Wegen einer neuen Zählweise« stieg die Zahl der Co-vid-Krankenhauspatienten um 90 auf 450 Menschen und jene in Intensivstationen um 28 auf 146. Fast entschuldigend dann noch ein »sind aber immer noch um 27 weniger als vor einer Woche«.

So, liebe TT, und wie wäre es jetzt mit ein bisschen Hintergrundrecherche und –info dazu? Eine Steigerung von 360 auf 450 »wegen einer neuen Zählweise« ist ja schließlich kein Pappenstiel. Wie wurde denn in Wien (ausgerechnet dort vor den Augen der Regierung) bisher gezählt? Und warum anders als im Rest der Republik? Und warum jetzt auf einmal wie alle (und wie zählen die überhaupt, wenn es hier so große Unterschiede geben kann)?

Mit freundlichen Grüßen

An die TT, 08.06.21

Zu: Ziel ist Ende der Kontrolle an den Grenzen

Eine interessante These am Ende des Artikels: »Die Bundesregierung hält am Testen fest, wohl auch, um die Impfrate zu erhöhen«. Wenn man sich so umhört, warum die Leute sich impfen lassen, dann ist diese These eigentlich – leider – auch schon längst mehr als eine These: Viele gehen mit der Impfung einfach nur den bequemen Weg, um sich das Testen zu ersparen und trotzdem »wieder alles zu dürfen«. Sollte man der Regierung deswegen so eine Erpressung einfach durchgehen lassen? Nein, sollte man nicht. Und deswegen wird die Strategie zumindest auch nicht komplett aufgehen: Wer für sich nach einer ernsthaften Risiko-Nutzen-Analyse zu einem »Nein« zur Impfung kommt, wird sich nicht so einfach »überzeugen« lassen. Im Gegenteil: Druck erzeugt Gegendruck – oder anders formuliert: »Grad zum Fleiß ned«.

Mit freundlichen Grüßen

An die TT, 09.06.21

Zu: Voll gestört

Voll gestört ist v.a., auf nur eine Technologie zu setzen: Wir telefonieren – über das Internet. UKW- Radio, geh so was von out. Lässt sich auch erweitern: Demnächst nur noch »grüner« Strom. Macht ja Sinn, aber sollten wir nicht wenigstens andere Möglichkeiten als »Backup« behalten und pflegen?

Mit freundlichen Grüßen

An die TT, 11.06.21

Zu: Tirol kommt von deutscher Risikoliste

Und das wird flächendeckend bejubelt? Was heißt es denn letztlich? Die Quarantänepflicht für aus Tirol nach Deutschland zurückkehrende Urlauber entfällt, sofern sie nicht zu den 3 G gehören. Das müssen sie in Tirol aber im Regelfall eh, sonst kommen sie hier ja in kein Hotel und kein Wirtshaus. Burner (nicht). Und das, worauf es hier wirklich ankommt und worum es hier wirklich gehen sollte, ist im Konsens der »neuen« Normalität schon längst keine Erwähnung mehr wert: Das 4. G bleibt ein- bzw. ausgesperrt.

Mit freundlichen Grüßen

An die TT, 12.06.21
Zu: Endlich Erleichterung an der Grenze
Was für eine Erleichterung, bitte? Der ungeimpfte, ungetestete Tiroler darf jetzt also – theoretisch – als »nur« Gesunder (Gibt's das Wort überhaupt noch im deutschen Sprachraum?) nach Deutschland, aber wenn er abends nach dem Ausflug wieder heim will, braucht er einen Test? Finde den Fehler.

Mit freundlichen Grüßen

An die TT, 12.06.21
Zu: Mindeststeuer soll 700 Mio. Euro bringen
Die 7 (!) wichtigsten Industriestaaten (wer hat denen eigentlich diesen Titel verliehen?) einigen sich also auf eine globale (!) Mindeststeuer. Mal unabhängig davon, ob so eine Steuer Sinn macht: Wie arrogant ist das eigentlich? Und nutzen wird es eh nichts, im Gegenteil: Ein bisher auch für den Otto Normalverbraucher noch einigermaßen nachvollziehbarer Wettbewerb um Unternehmensansiedlungen wird verlagert in die Welt der Subventionen und sonstigen noch erlaubten »Zuckerl« für Bezos, Zuckerburg, Musk und Co. – und dieser Wettlauf wird den Steuerzahler sehr viel mehr kosten als die 700 Mio. Euro. Nicht die Besteuerung per se ist das Problem, sondern die sonstigen Regeln. Aber an die traut sich keiner ran.

Mit freundlichen Grüßen

An die TT, 13.06.21
Zu: Wir haben sehr viel dazu gelernt
Hoffentlich haben wir das. Ich habe da aber so meine Zweifel: Ohne Maßnahmen hätte es also eine Katastro-

phe gegeben, wie man laut Herrn Ostermann an Brasilien sehen könne. Auf den ersten Blick angesichts einer – derzeit – Todesrate (auf 100.000 Einwohner) von 116 (Österreich) zu 226 (Brasilien) eine klare Sache: Lockdown wirkt. Wirkt Lockdown? Belgien, das ähnlich strenge Lockdowns wie die meisten europäischen Länder hatte, landet bei 217 Todesfällen auf 100.000 Einwohner. So einfach und eindeutig, wie es die Lockdown-Befürworter machen, ist es eben doch nicht. Mal abgesehen davon, dass bei solchen Vergleichen die Lockdown-Kollateralschäden wie immer komplett hinten runter fallen.

Mit freundlichen Grüßen

An die TT, 15.06.21
Zu: Tirol benötigt viel mehr Impfstoff
Was den Start in das neue Schuljahr im Herbst betrifft, stehen also noch viele Fragezeichen im Raum. Welche denn, bitte? Die wirklichen Risikogruppen sind geimpft, und die meisten von denen, die das wollen, inzwischen auch. Es gibt keinen Grund mehr, in den Schulen (abgesehen von Hygienemaßnahmen, die man aber unabhängig von Corona sehen kann), nicht endlich zur »alten« Normalität zurückzukehren. Die Schulschließungen waren in diesem Wahnsinn sowieso der allergrößte Unfug.

Mit freundlichen Grüßen

An die TT, 15.06.21
Zu: 22 Delta-Fälle in Wien aufgetreten
Ui, da freut sich der nicht-systemrelevante Grenzpendler nach Deutschland doch schon auf die nächste

Grenzschließung. Die Regelungen zu Virusmutations-
gebieten wurden nämlich nicht abgeschafft, sie sind
derzeit nur nicht in Anwendung. Das kann sich aber
wieder ändern. Nur gut, dass es mich diesmal nicht
mehr den Job kosten kann – das hat die letzte Runde
Mutationswahnsinn schon geschafft. Und ehe ich es
vergesse: Wir reden – mal wieder – von Fällen, die
überwiegend gar nicht mehr aktuell sind. Wobei die
Falldefinition bei Corona ja eh jeder Beschreibung
spottet. Krankheitsbekämpfung? Excuse my French:
Ihr mich auch.

Mit freundlichen Grüßen

An die TT, 17.06.21
Zu: Platter rügt Wirrwarr um den »Grünen Pass«
Dabei gäbe es eine ganz einfache Lösung: Führt ihn
einfach nicht ein – und erinnert euch – endlich – daran, dass es innerhalb der EU mal echte Reisefreiheit
gab. Aber auch Schengen ist leider ein nicht-erwähn-
ter Kollateralschaden der Corona-Politik.

Mit freundlichen Grüßen

An die TT, 18.06.21
Zu: Es darf wieder gefeiert werden
Im Juli fallen fast alle Corona-Beschränkungen? Es
ist schon erstaunlich, mit welcher Nonchalance inzwischen – bis auf ein kleines Sätzchen – unter den Tisch
fällt, dass die übelste, unverhältnismäßigste, diskrimi-
nierendste Beschränkung weiterhin bestehen bleibt:
Der Ausschluss Gesunder. Geht es hier wirklich noch
um Schutz vor einer Krankheit? Ich denke nicht. Ein

»harmloseres« Beispiel als die Diskriminierung findet sich dazu im Artikel: Die FFP2 weicht also wieder dem MNS. Warum? Aus medizinischen Erwägungen? Nein? Warum dann? Weil ihr es könnt?

Mit freundlichen Grüßen

An die TT, 19.06.21
Zu: Wegen Delta mehr PCR-Tests gefordert
Punktuelle PCR-Tests sind den NEOS also zu wenig. Dann machen wir doch munter weiter mit dem Test-wahnsinn, der uns – ohne den von Oberhofer geforderten Strategiewechsel – bis 30. Juni 2022 (!!!) knapp 39 Millionen Euro kosten soll. Und da reden wir nur von den PCR-Tests, da ist der »Rest« an unsinnigen Ausgaben noch gar nicht dabei. Nur mal so zur Erinnerung: Wir reden von einer Erkrankung mit einer durchschnittlichen Mortalitätsrate von ca. 0,2 %. Die Risikogruppen, bei denen diese Quote höher liegt, sind geimpft. Und auch bei denen stand die Mortalitätsrate nie in Verhältnis zu den getroffenen Maßnahmen. Und »gratis« ist bei den geforderten PCR-Spucktests schon mal gar nix.

Mit freundlichen Grüßen

An die TT, 20.06.21
Zu: Unübersichtliche Lage zur Delta-Variante
Stimmt, das Virus wird nicht verschwinden. Aber kann es die Lösung sein, im Herbst den schon immer völlig unverhältnismäßigen Lockdown-Irrsinn nochmals neu aufzulegen? Wir müssen endlich mit diesem Virus – in welcher Mutationsform auch immer – leben. Und

mit Leben meine ich keines wie die vergangenen 16 Monate – das ist nämlich keines, auch wenn sich der Mensch leider sehr schnell an sehr vieles gewöhnt. Wie wäre es denn, endlich das zu machen, was wir bei dieser Krankheit – meines Wissens erstmalig – über Bord geworfen haben: Ein »Fall« ist nur dann ein Fall, wenn er Symptome hat und es eine ganzheitliche ärztliche Diagnose dazu gibt.

Mit freundlichen Grüßen

An die TT, 21.06.21
Zu: Das Delta-Gespenst geht um
Ja, der Anteil dieser Variante wird sich erhöhen. So what? Eigentlich ist das doch genau das, was uns vor Monaten schon angekündigt wurde: Das Virus wird mutieren – und es werden sich immer neue Varianten davon durchsetzen. Das ist nämlich der Zweck der Übung. Das eigentliche Problem in der mit Delta neu eingeleiteten Panik-Runde ist doch das, das wir in dieser Krankheitsbekämpfung seit Anbeginn haben: Wir machen positiv Getestete ohne Symptome und ohne eine ordentliche ärztliche Diagnose zu »Fällen«. Das sind sie aber nicht. Wir sollten uns daher schleunigst von diesen Fall-«Gespenstern« verabschieden.

Mit freundlichen Grüßen

Nachwort

Das Delta-Gespenst ist nicht verschwunden, aber man hört erstaunlich wenig von ihm, jedenfalls in seiner Eigenschaft als Mutation. Warum? Weil es sich inzwischen sogar in Deutschland, das den Virusmutationsgebiets-Irrsinn Anfang 2021 zu höchsten Höhen gebracht hat, durchgesetzt hat? Und ein weiterhin darauf Herumreiten sogar den Experten dieses Virus zu peinlich wäre? Ein weiteres der vielen Gespenster, die sich sehr schnell abwechseln in dieser Pandemie: Erinnert sich noch jemand an den R-Wert? War mal »die« Zahl dieser Pandemie – inzwischen bestenfalls noch in der 3. Reihe.

Mitte Oktober 2021:
Fortsetzung folgt – vielleicht. Zwischen dem letzten hier aufgeführten Brief und heute habe ich täglich weitergeschrieben.

Ich schreibe weiter Leserbriefe – was sollte ich auch sonst tun?

Seit 01.10.21 bin ich arbeitslos. Ganz freiwillig. Ich habe nämlich gekündigt – nach 25 Jahren beim gleichen Arbeitgeber war nach 6 Monaten Kündigungsfrist am 30.09.21 Schicht im Schacht. Freiwillig gekündigt. So »freiwillig« wie so vieles in dieser Pandemie. Vor kurzem habe ich irgendwo in den Weiten des Internets eine interessante Frage gelesen:

Wie viel Zwang verträgt die freie Entscheidung?

Inzwischen sind wir bei 3G in Italien an allen Arbeitsplätzen, Bayern führt 3G bei allen Arbeitsplätzen mit Kundenkontakt ein – und Hessen fordert den Handel auf, 2G zu machen – natürlich »freiwillig«, man macht sich doch nicht selber die Hände schmutzig, wenn man diesen Schwarzen Peter auch der Wirtschaft zuschieben kann.

Seit Dänemark ähnlich wie Großbritannien einen »Freedom Day« hatte, geistert der auch hier so vor sich hin. Freedom Day – ein weiteres Beispiel für »Corona-Sprech«. Wir bekommen also – vielleicht – unsere Freiheit wieder. Eine Freiheit, die uns nie hätte genommen werden dürfen, denn es hätte verhältnismäßigere und v.a. zielgerichtetere Mittel zur Bekämpfung der Erkrankung Covid-19 gegeben.

Wird er kommen, der Tag der Freiheit? Ich weiß es nicht, ich denke nicht – jedenfalls nicht wirklich. Dafür hat man viel zu viel Arbeit mit den verschiedenen G getrieben. Diese Macht gibt man nicht so schnell wieder ab. Man wird auch in Deutschland und Österreich diese Pandemie irgendwann beenden und dann einen »Freedom Day« feiern. Aber ich denke, er wird ohne das 4. G gefeiert werden.

Außer, die anderen 3 G, die eigentlich ja fast nur noch 2 G sind, besinnen sich. Werden sie das tun? Ich fürchte nicht. Denn ihnen reicht die »Freiheit«, die sie haben – die »Freiheit«, das eigene Handy zücken zu müssen bei allem, was sie tun. Gesund ist das nicht.